1. Kapitel

Es ist Samstagmorgen, 9.47 Uhr. Ich sitze am Küchentisch und frühstücke.
Ein wenig vom Tisch abgerückt, die Beine verschränkt und die Zeitung in den Händen.
Auf dem Tisch dampft der Kaffee in der Tasse. Meine Tasse. Gross, mit einen dummen Spruch drauf.
Heidi, meine Frau, ist schon etwas länger auf den Beinen und hat frische Brötchen geholt.
Es ist ein Morgen, wie ich ihn liebe. Genüsslich wechsele ich die Beinstellung.
Heidi hat Eier gekocht und legte sie in die Eierbecher. Ich bekomme immer das Grössere.
Wahrscheinlich weil sie denkt, das ich den grösseren Appetit habe.
Aber, will ich mich beschweren?
Nanu, warum stellt sie jetzt das Radio leiser? Achtung, da ist was im Busch!
Ich wage einen Blick über den Rand meiner Zeitung. Sie steht vor dem Tisch und lächelt mich an.
Meine Alarmglocken fangen an zu läuten.
Sicherheitshalber vergrabe ich mich wieder hinter meiner Zeitung. Ich ahne, da kommt was auf mich zu.
" Du Schatz," säuselte sie lieblich zu mir rüber.
Jetzt so tun, als hätte ich nichts gehört?
Meine Arme gehorchten meinem Gehirn nicht. Sie gaben die starre Haltung auf und sackten nach unten. Mit erschrecken stellte ich fest, das mein Gesicht ihren Blicken frei ausgesetzt war.
Das kann nicht gut gehen. Ich vermute, was heisst hier ich vermute, ich weiss, das ist das Ende des schönen Samstags.
Vorsichtshalber schaute ich durch das Fenster nach draußen.
Nein, es regnete immer noch.
Der Garten kann es also nicht sein.

Herstellung und Verlag: BoD - Books on Demand, Norderstedt
ISBN 978-3-7357-8008-9

" Schatz, wir haben doch heute Zeit. Bei diesem Wetter kommen wir heute nicht mehr in den Garten. Wir hatten uns doch letztens darüber unterhalten, das du eine neue Jacke brauchst. Das wäre doch jetzt die Gelegenheit. Lass uns in die Stadt fahren und danach gucken."

Wissen sie, was man dann für ein Gesicht zieht? Das muss Bände sprechen.

" Ach komm Schatz, ich mag so nicht mehr mit dir vor die Tür gehen. Deine Jacke sieht schon richtig schäbig aus."

Das Thema gab es bei uns schon ziemlich oft. Aber irgendwann kommt dann der Zeitpunkt, da gibst du nach. " Ist gut mein Hase, aber nur wenn du mir versprichst, das wir früh genug wieder zurück sind."

Was dann passiert, ist fast unvorstellbar.

Die Freude bei ihr ist so gross, als hätte man ihr einen Gutschein über zehn paar Schuhe geschenkt.

Aber vielleicht liegt das auch nur am Naturell der Frau, das sie einfach nur gerne einkauft.

Ich ärgere mich jetzt schon darüber, das meine Zunge genauso versagt hat, wie meine Arme.

Ob es am Alter liegt? Mit Sicherheit aber auch daran, das das Thema Jacke an jedem freien Wochenende, von ihr angesprochen wurde.

Das ist so, als würde man permanent einen tropfen Wasser auf den Kopf kriegen. Irgendwann kriegt man denn auch einen Dachschaden.

Und außerdem heisst es doch immer so schön, der klügere gibt nach.

" Dann lass uns mal beeilen, damit du zur Spotschau wieder zurück bist."

Sie kennen ein besser, als man denkt. Aber dann müsste sie auch wissen, das Eile an deinem freien Tag, Gift für dich ist.

Es kommt, wie es kommen muss, schließlich geht es doch in die Stadt. Da kannst du rumtrödeln so viel du willst, es nützt dir nichts.

Sie ist am Ziel ihrer schlaflosen Nächte, wegen deiner Jacke.

Widerwillig steige ich in den Bus. Wie lange ist das her, das ich mit dem Bus gefahren bin?

Das war,..........das ist,...............ja, als ich mir das letzte Mal eine Jacke gekauft habe.

Ja gut, nicht ich, meine Frau.

Der Bus ist immer so widerlich voll. Eingeengt sitzt man auf viel zu hartem Gestühl und dann auch noch neben Leuten, die man sich nicht aussuchen kann. Nicht genug damit, das mir ein Kinderwagen über den Fuss gefahren wird, sitzt meine Frau mir gegenüber alleine auf der Bank. Und ich? Neben mir sitzt ein dicker, ungepflegter älterer Mann und quetscht mich an die durch den Regen, feuchte Scheibe. Er dünstet einen ekeligen Gestank aus. So eine Mischung aus Alkohol und Schweiss.

Mir bleibt die Luft weg. Und diese Jacke, die er anhatte. Schmierig und voller Flecken.

Allein die Farbe bereitete mir schon Unwohlsein.

An jeder Haltestelle hoffte ich, das er aussteigt. Vergeblich. Erst in der City, wo wir auch hinwollten, erhob er sich von seinem Platz.

Meine Frau wartete schon draußen auf mich, da saß ich immer noch in der Ecke.

Er hatte es zwar mit ächzen und stöhnen geschafft, die Beine gerade zu kriegen, brauchte aber eine ganze Weile, um sie auch in Bewegung zu setzen.

Der war nicht nur dick, der war auch noch gross und nahm mir jede Sicht nach vorne.

Prustend schob er sich durch den Gang. Ich war der Verzweifelung nah, ich kam nicht an ihm vorbei.

Der Bus bewegte sich hin und her. Fuhr er schon weiter oder verursachte das mein Vordermann? Krampfhaft versuchte ich draußen etwas zu erkennen. Einsetzendes Kindergeschrei, ließen meine Nerven vollends blank liegen.

Meine Lage schien aussichtslos, da drehte der Mann sich nach rechts, um aus dem Bus zu steigen. Das, was ich nicht mehr zu hoffen gewagt habe, geschah doch noch.

Der Bus stand noch und zwei junge Männer halfen meinem

Vordermann raus.

Mit Gummibeinen stand ich völlig entnervt auf dem Bürgersteig. Meine Frau kam missmutig zu mir rüber. " Sag mal, wo bleibst du denn? Komm endlich!"
Ich brauchte ein paar Minuten, um die frische Stadtluft einzuatmen und um meinen verloren gegangenen Verstand wieder zu sortieren. Es gibt Menschen, die bräuchten einen Waffenschein.
Solche Ausdünstungen können ganze Elefantenherden auslöschen.
Meine Frau war ungeduldig von weitem an winken. Sie ahnte wohl nicht, das meine Geschmacksknospen und mein Geruchssinn auf Wochen nicht mehr funktionsfähig sein werden.
Ich sehnte mich danach, die Autoabgase riechen zu können. Nur diesen penetranten Gestank aus der Nase zu kriegen und dieses Kratzen im Hals, den Pelz von der Zunge. Manchmal können Wünsche so profan sein.
Das winken meiner Frau wurde aggressiver. Um den Samstag nicht vollends scheitern zu lassen, setzte ich mich schwerfällig in Bewegung. Meine Frau registrierte das, mit einem zynischen Gesichtsausdruck.
Langsam gehorchten mir meine Beine wieder und ich folgte dem lockenden Weib.
Als ich schließlich bei ihr war, stand sie vor der Auslage eines grossen Textilgeschäftes und zeigte auf eine Schaufensterpuppe.
" Komm mal hierhin. Schau mal die Jacke, die ist doch nicht schlecht. Die wäre doch was. Was meinst du?"
Sollte ich jetzt ehrlich sein? Dann müsste ich jetzt sagen: Juchhu, sofort einen Laden gefunden und auch eine Jacke. Kaufen und weg!
" Dann lass uns mal da reingehen und die Jacke anprobieren."
Anprobieren, wie ich das hasse. Jacke aus, Jacke an. Dann verschiebt man den Pullover, vielleicht rutscht auch noch

das Hemd aus der Hose. Frauen müssen alles so kompliziert machen.

Und die fragen dich, ob du da rein willst, aber die Antwort wollen die gar nicht wissen.

Schon sind wir im Laden zwischen den vielen Kleiderständern.

Es fällt mir immer auf, das die Herrenabteilung in der hintersten Ecke des Ladens ist.

Vorne fast immer Kleidung für Frauen.

Man glaubt es kaum, wie schnell die Damen vergessen, Das " Mann" eine Herrenjacke kaufen soll.

Ihr Blick schweift ab vom Gang, rüber zu den Blusen.

Und schon steckt sie bis zu den Ohren drin im Ständer.

Zaghaft versuche ich mit ihr Kontakt aufzunehmen.

Zwecklos.

" Ich suche schon die ganze Zeit, nach einer weissen Bluse für mich. Du weißt doch, für den Geburtstag deiner Mutter."

Ich wunder mich überhaupt nicht darüber, das an dem Ständer keine weissen Blusen hängen.

Schon wittert eine Verkäuferin ein Geschäft.

Behände schlängelt sie sich durch die Ständer, so wie eine Slalomläuferin durch den Parcours.

Aus Erfahrung springe ich schon kurz vor ihrem Eintreffen bei meiner Frau, an die Seite.

Ich weiss, das die mich nicht sehen können, ich habe eine Tarnkappe auf.

Umgerannt zu werden, ist mir dann doch zu schmerzhaft.

In diesem Fall, muss ich meine Erfahrung mit Verkäuferinnen total über den Haufen werfen.

Das muss eine besondere Art sein. Die will meiner Frau gar keine Bluse verkaufen, die will mit ihr fachsimpeln.

Chancenlos steh ich daneben, bis meine Frau mich trotz Tarnkappe sieht.

" Ach Schatz, geh doch schon mal in die Herrenabteilung und probier die Jacke an. Ich komm dann gleich nach."

Kurze Zeit blieb ich apathisch auf der Stelle stehen. Mein innerstes bäumte sich auf und wehrte sich dagegen. Aber den beiden zuzuschauen, ne, das geht gar nicht.

Langsamen Schrittes, ging ich zur Hinweistafel.

Natürlich, Herrenabteilung, 4. Stock. Beim Blick zurück zu meiner Frau, sah ich, das die Zwei sich gesucht und gefunden haben. Die waren in ihrem Element. Rolltreppen fahren sind mir ein Greuel.

Und dann auch noch die schlechte Luft. Ich kann sie zwar nicht riechen, aber ermüden tat sie trotzdem.

Nicht genug damit, muss doch auf der Rolltreppe so ein Juppie, jedenfalls sah er danach aus, an mir vorbei. Idiot, kaum haben die ein paar Euro mehr in der Tasche, schon glauben sie, ihnen gehört die Welt. Endlich, 4. Stock.

Wieder sehe ich nur Regale und Kleiderständer.

Wer will die Klamotten alle kaufen, frag ich mich?

Aus dem Augenwinkel sehe ich einen älteren Verkäufer heranschweben.

Als der auf meiner Höhe ankam, drehte er schnell wieder bei und schwebte davon.

Ich bin wohl nicht seine Klientel. Geübtes Auge eben. Ist auch nicht meine Abteilung. Weiter.

Nach einer Zeit des Suchens, finde ich schließlich die Jacken. Jetzt die wieder zu finden, die meine Frau mir in der Auslage gezeigt hat. Widerwillig fingerte ich in dem Ständer rum.

Plötzlich höre ich hinter mir:" Kann ich ihnen behilflich sein?" Ich dreh mich um, der Juppie!

Der ist gar keiner, der ist Verkäufer hier in dem Laden. Mehr Schein als sein.

" Ich suche eine Jacke," war meine blöde Antwort.

Die Retourkutsche kam auch gleich hinterher. " Da sind sie hier genau richtig."

" Ja ja, das seh ich. Ich habe die Jacke unten in der Auslage gesehen."

Der Verkäufer bekam einen verächtlichen Gesichtsausdruck.

"Ach ja, die aus dem Angebot. Dann sind wir hier verkehrt, wenn sie mir folgen möchten."

Möchte ich eigentlich nicht. Seine Hochglanz polierten

Schuhe stachen mir förmlich ins Auge.

Vielleicht war er doch ein Juppie und tarnt sich nur als Verkäufer?

Er holte zwei Jacken von einem der Ständer und hielt sie mir vor die Nase.

" Das kann nur eine von den Beiden sein." Ich nickte mit dem Kopf, ich kann mich nicht daran erinnern.

Aber, wenn der das sagt. "Welche Grösse haben sie denn?"

" 50." " 50, nicht 52? Also probieren sie die mal in 52 an."

Hilfe suchend hielt ich Ausschau nach meiner Frau. Wenn man sie mal braucht, ist sie nicht da.

" Da hinten ist ein Spiegel, da werden sie feststellen, das ihnen die Jacke steht und sie 52 brauchen."

Was für ein widerlicher Mensch. Ich schluckte und ging zum Spiegel.

Statt zu schauen, wie mir die Jacke steht, fiel mir gleich dieser penetrante Gestank auf.

Den kannte ich, der hat sich in meine Nase eingebrannt. Der Spiegel stand direkt neben den Umkleidekabinen und bei der Ersten, wurde gerade die Gardine beiseite gezogen.

Da war er, mein Freund aus dem Bus. Der Reklameläufer, für die fieseste Toilettenanlage der Stadt.

Der Werbeträger aller Kläranlagen. Sofort nahm ich Reißaus. Nur Abstand gewinnen.

An der Rolltreppe hat der Juppieverkäufer meine Flucht beendet.

" Es ist ja schön, das die Jacke ihnen so gut gefällt. Aber müssten sie zum Bezahlen nicht ihre alte Jacke haben?" Wie der das schon wieder rübergebracht hat. Müssen diese Art von Verkäufer so arrogant sein? Kriegen die dafür mehr Gehalt? Auf dem Rückweg zum Kleiderständer sehe ich meinen neuen Freund wieder und kann es kaum fassen. Der probiert doch glatt die gleiche Jacke an, wie ich!

Ich hör noch, wie der Verkäufer zu ihm sagt:" Da können sie aber froh sein, das es die in ihrer Grösse gibt. Das ist auch die einzige."

Sonst höchstens noch in der Campingabteilung, fiel mir so ein.

Der Anblick meines Freundes in der Jacke, erzeugte bei mir Übelkeit. Irgendwie hatte ich so ein Gefühl, als würde die Jacke auf meiner Haut brennen. So schnell habe ich noch nie eine Jacke ausgezogen. Ich spürte, wie mein Gesicht einen angewiderten Ausdruck bekam.

Der Verkäufer schaute mich Ungläubig an und bekam, auf seiner sonst glatt gebügelten Stirn, ein paar Falten. Er räusperte sich kurz und hielt mir die Jacke vor die Nase.

" Soll ich dem Herrn die Sonderangebotsjacke zur Kasse bringen? Preiswerter kommen sie an so einer, na ja, halbwegs guten Qualität, nicht dran."

Er konnte es nicht lassen. Ich stellte mir kurz vor, wie es wohl bei ihm zu Hause abgeht. Ob seine Verwandtschaft auch so ist? Oder ist er einfach nur der Arsch.

" Wissen sie, die Jacke steht ihnen viel besser als mir," kam es mir locker über die Lippen.

Drehte mich um und lief zur Rolltreppe. Das war mir ein Bedürfnis und ich fühlte mich auch gleich wieder besser.

Auf der Fahrt mit der Rolltreppe nach unten, kramte ich in meinem unerschöpflichen Repertoire an Ausreden rum. Sie wird nach der Jacke fragen. Erdgeschoss.

Meine noch relativ guten Augen, hielten Ausschau nach meiner Frau. Blusenabteilung? Fehlanzeige.

Kasse? Auch nicht. Mir schwante böses. Hosen? Treffer!

Da war sie! Voller Enthusiasmus mir ihrer neuen Freundin bei der Sache. Wo nehmen die diese Energie her?

Gemächlich lief ich dort hin. Sich beeilen wäre völlig sinnlos. Im Kleiderdschungel, hielten sich noch mehr ihrer Spezies auf. Ein Taschenträger stand verloren neben den Umkleidekabinen. Er machte auf mich den Eindruck, wie ein kleiner Junge, der im Kindergarten darauf wartet, abgeholt zu werden.

Er guckt mich aber genauso mitleidsvoll an. Er hat mich erkannt, Leidensgenosse.

Jetzt stehe ich schon zehn Minuten neben dem Ständer, in

dem sie wühlt und hab langsam das Bedürfnis, wieder
sichtbar zu werden. Andauernd hämmere ich mir die
Ausrede ein, wegen der fehlenden Jacke und als sie mich
dann doch endlich sieht, da fragt sie mich doch glatt:" Hast
du mal die Uhrzeit für mich?"
Ich glaube es nicht, werde aber in meiner Vermutung
bestätigt. Wenn die in ihrem Element sind, leben die
vollkommen Zeitlos. Sie hat zwar eine Armbanduhr auf,
aber keine Hand frei und wenn dann doch, schnellt die auch
schon wieder zum nächsten Angebot vor.
Endlich, meine Beine sind schwer wie Blei, verabschiedet
sie sich von ihrer neuen Freundin.
Natürlich mit einer Hose in der Hand.
Sie geht los und bleibt abrupt stehen:" Ich muss eben noch
in die Umkleidekabine, die Hose anprobieren."
Ha, eben mal. Ich weiss was bei Frauen eben mal bedeutet.
Da steht er noch, mein Leidensgenosse. Regungslos, wie
eine Salzsäule. Nicht mal mehr, zu Augenkontakt fähig.
Meine Frau verschwindet, Gott sei Dank, nur mit einem Teil
hinter dem Vorhang.

Anscheinend wurde die Salzsäule von seiner Holden
gerufen. Es bereitete ihm grosse Schwierigkeiten, überhaupt
wieder in Gang zu kommen. Er wirkte auf mich wie ein
Auto, das Wochenlang oder Monatelang in der Garage
gestanden hat und zum ersten Mal wieder angelassen wird.
Meine Frau kam auch wieder zum Vorschein und stellte sich
vor den Spiegel.
Wow, ich kann mich gar nicht daran erinnern, das sie ein so
knackiges Hinterteil hat.
" Was meinst du Schatz, kann ich die tragen?"
Ich sehe voller Stolz die lüsternen Blicke, der plötzlich
aufgetauten Salzsäulen.
"Aber sicher mein Hase, tolle Hose." Und das war nicht
gelogen.
Schwupps, war sie wieder in der Kabine und ungewöhnlich
schnell wieder raus.

Manchmal geschehen doch noch Wunder. Aber, anstatt zur Kasse zu gehen, geht sie zum Ständer und hängt die Hose wieder rein. Muss ich das verstehen?

Das beweisst, das sie nach unserer Meinung fragen, aber sie eigentlich gar nicht wissen wollen.

" Die saß doch prima, wirklich super," versuchte ich sie umzustimmen.

" Ja schon, aber im Schritt da saß die so,………..ne, ich weiss nicht."

Na wenigstens hat sie sonst nichts in ihren Händen. Wenn schon nicht die geile Hose, dann lässt sie auch kein Geld hier in dem Laden. Aber, wieso lief sie dann jetzt zur Kasse? Alles Hoffen und Bangen war vergeblich.

Sie stand vor der Theke und zeigte auf das Regal, in dem Kleidungsstücke lagen.

Eine Bluse, blau, ein Pullover, ein BH und ein Gürtel wurden auf die Theke gelegt und eingepackt.

Ich war geplättet. Einfach nur geplättet.

Beim bezahlen, drehte sie sich plötzlich zu mir um und schaute fragend.

" Wo ist deine Jacke? Du wolltest dir doch oben eine Jacke kaufen?"

Dann muss man erst einmal den ersten Schock überwinden und diese Frage. Verdammt, wie war doch gleich die Ausrede?

" Was? Ja,………..äh. Jacke……ja. Ach so ja. Die hatten sie nicht mehr in meiner Grösse."

" Das versteh ich nicht. 52 ist doch eine gängige Grösse. Hast du denn mit dem Verkäufer gesprochen?"

Erinnere mich nicht an den. " Ja sicher mein Hase, aber weil das ein Angebot ist haben die nicht mehr alle Grössen da." Dabei zog ich die Mundwinkel nach oben und zuckte mit der Schulter.

" Dann müssen wir weiter suchen," sagte sie und ging zum Ausgang.

Ich darf natürlich nicht vergessen, das sie mir die Einkaufstüte in die Hand gedrückt hat, aber später wäre es wahrscheinlich sowieso heraus gekommen.

Während wir im Kaufhaus waren, hat sich die Stadt mit Menschen gefüllt. Zielstrebig nahm sie den Weg ins dickste Getümmel. Sie hat Blut geleckt.

Sie jetzt aufzuhalten wäre fatal und die Konsequenzen für mich, mag ich mir gar nicht ausmalen.

Ihre Augen funkelten, beim Anblick einer Parfümerie.

Riesige Männer, die ihren Weg kreuzten, konnten sie nicht aufhalten. Und ich hinterher.

" Wenn wir schon einmal hier sind, dann kann ich auch gleich mal eben nach Seife gucken."

Was, nach Seife, in einer Parfümerie? Die kauft man doch in einem Supermarkt. Und haben wir nicht zu Hause einen ganzen Schrank damit voll? Das muss doch schon für Generationen reichen.

Natürlich, hier drin kriegt man kein Bein vor das andere. Rappelvoll.

2. Kapitel

Einen vermiss ich hier drin allerdings. Meinen Freund aus dem Bus, obwohl der das nötig hätte.

Der wird sich bestimmt in einer Pommes Bude aufhalten, um seinen Geruch zu intensivieren.

Meine Frau stand, welch Wunder, bei den Parfümfläschchen. So viel zum Thema Seife.

Die Preisauszeichnung an den Regalen, war gross genug, um mir einen Schock zu versetzen.

" Heidi, wolltest du nicht nach Seife schauen," war mein unbeholfener letzter Versuch, sie davon abzuhalten, für so wenig Flüssigkeit Geld auszugeben. Dafür kriegt man doch schon ein paar Flaschen Cognac. " Ja gleich Schatz, ich

wollte nur mal an den neuen Parfüms ein wenig schnüffeln."
Lieber Gott, bitte wirklich nur schnüffeln. Erstaunt machte
ich eine Feststellung .
Der Gestank aus meiner Nase schien sich zu verabschieden.
Ich blieb im Gang stehen und schnüffelte. Tatsächlich, ich
kann die Düfte in dem Laden hier, wirklich wieder riechen.
Das ist das erste Mal, das ich eine Parfümerie als Wohltat
empfand. Bei meiner Schnüffelei, bewegte ich mich weiter
in den Laden hinein und befand mich plötzlich in der
hintersten Ecke wieder.
Hier waren viel weniger Leute, was ich als angenehm
empfand.
Jetzt konnte ich auch die Ursache erkennen. Herrendüfte.
Vereinzelt lief hier mal einer meiner Gattung herum und
schaute genauso skeptisch wie ich. Ich glaubte ihnen
ansehen zu können, das sie meiner Meinung sind. Wir
riechen doch gut genug. So etwas haben wir doch nicht
nötig.
Was ist das denn? Ein Duft mit den Namen eines
Motorradherstellers?
Das hab ich ja noch nie gesehen. Auch nicht so teuer wie
das von den Damen. Interessant.
Was es nicht alles so gibt. Nur nicht allzu viel Interesse
zeigen. Die anderen Männer zogen es vor, sich zurück zu
ziehen.
" Hallo, haben sie etwas gefunden, was ihnen zusagt, mein
Herr."
Ich schau zur Seite und ich denk mich tritt ein Pferd.
Eine schöne junge Frau spricht mich an. Gepflegt, lange
blonde Haare und sie hat ein Lächeln, da sträuben sich
einem die Nackenhaare.
Kriege ich da vielleicht gerade einen roten Kopf?
Bei diese Art von Verkäuferin, hat man immer das Gefühl,
die machen ein an. Oder?
Das ist nur die Verkäuferin, rede ich mir ein. Aber was für
eine.
Verlegen stottere ich rum:" Ja, also........., ich weiss nicht,

eigentlich kenne ich mich damit gar nicht aus." Was habe da
jetzt gesagt? Womöglich denkt sie, das ich ein Stinker bin
und aus der tiefsten Provinz komme. " Äh,..ich wollte
sagen, ich kenne mich schon aus, aber dieses Produkt ist mir
unbekannt. Dieses Parfüm kenne ich nicht, wollte ich
sagen." Man redet sich um Kopf und Kragen.
Sie zeigte keine Reaktion und lächelte unvermindert weiter.
Ich ertappe mich dabei, die Einkaufstüte hinter meinen
Rücken zu halten.
Sie sollte nicht sehen, das ich in einem stinknormalen
Geschäft eingekauft habe. Und es sind noch nicht einmal
Sachen von mir darin.
Warum haben die in Parfümerien immer so hübsche junge
Frauen als Verkäuferin?
Hier kommen doch fast nur Frauen rein. Dafür würde doch
auch die Schwester von meinem Freund, aus dem Bus
reichen.
" Mein Herr, das ist kein Parfüm, das ist ein Rasierwasser.
Aber ein sehr gutes, das kann ich ihnen empfehlen. Da gibt
es eine ganze Pflegeserie von."
Jetzt hat sie mich doch als Stinker geoutet und ich weiss
jetzt auch, warum hier keine Männer zu sehen sind. Die
wollen sich nicht auch zum Trottel machen, wie ich gerade.
Ihrem Selbstbewusstsein und ihrer Schönheit kannst du
nichts entgegensetzen .
" Sie können den Duft gerne mal probieren."
Da muss ich wohl wie ein begossener Pudel aus der Wäsche
geguckt haben.
Doch bevor ich eine der Flaschen öffnen konnte, nahm sie
meinen Arm und schmierte mir, mit so einem Pappstreifen,
was von dem Zeug auf mein Handgelenk.
Ich war total verwirrt. War das doch anmache?
" Riechen sie mal."
Was? Wie? Riechen? Ach so ja. Ich hob meinen Kopf und
schnupperte.
" Nein nicht so, sie müssen an ihrem Handgelenk riechen."
Jetzt fiel es mir wie Schuppen aus den Haaren. Es fehlte

nicht viel und ich wäre im Erdboden versunken. Ich bin an Peinlichkeit nicht zu überbieten und ein Stinker.

Mit einem sehr aufgesetzten Lächeln, versuchte ich die Situation zu überspielen.

Heidi, meine Frau. Sie könnte mich jetzt noch retten. Mein Gott, ich habe sie unkontrolliert im Laden laufen lassen. Mein Gesicht wechselte den Ausdruck.

Schweissperlen machten sich auf meiner Stirn breit. Ich spürte Panik aufkommen und hoffte auf ein Wunder. Und wenn Frauen ihren Mann in so einer Verfassung neben einer hübschen Frau sehen, dann können sie ganz schön gemein werden.

Das erhoffte Wunder geschah, Heidi kam zu uns.

" Nanu, hier hätte ich dich ja überhaupt nicht vermutet. Das ausgerechnet du dich für Düfte interessierst. Das ist ja mal was neues. Ich kenn dich doch, das machst du doch bloss, um der jungen Dame zu imponieren."

So schwer angeschlagen wie ich war, war ich nicht zur Gegenwehr fähig.

Die erhoffte Rettung ist zwar gekommen, aber die erschiesst ein vor den Augen der Verkäuferin.

Beiläufig sah ich eine Parfümflasche in ihrer Hand. Sie hielt das Fläschchen wie eine Trophäe.

" Was ist? Willst du was davon mitnehmen?"

Ich dachte an die Preise des Parfüms.

" Im Moment nicht. Ich überlege mir das noch."

Ich wollte nur noch raus, nur nicht länger hier drin bleiben. Und jetzt setzt sie auch noch zum Ko Schlag an.

" Das konnte ich mir auch nicht vorstellen. Lieber steckst du dein Geld in dein Hobby rein, als gut zu riechen."

Ich torkelte hinter meiner Frau zur Kasse. Ein Spiegel öffnete mir wieder die Augen.

Der Typ da drin, das bist du! Das arme Würstchen. Du siehst aus, als wärst du zwölf Runden von Mike Tyson durch den Ring geprügelt worden.

Ich habe nicht einmal mehr mitbekommen, das meine Frau nach meiner Geldbörse fragte.

Widerstandslos griff ich in die Brusttasche und übereichte ihr, das Tor zur grossen Welt.

Endlich wieder draußen. Endlich im Grosstadtgetümmel. Herrlich einer von vielen zu sein.

Hin und her geschubst zu werden. Den widerlichen Atem des neben dir laufenden riechen zu dürfen.

Man fühlt sich fast wie neu geboren. Obwohl das Gefühl klein gemacht worden zu sein, noch nicht ganz überwunden ist. Etwas kommt man sich immer noch wie ein Schrumpfgermane vor.

Ich wollte nicht in Selbstmitleid ersticken, obwohl.

Aber dazu liess meine Holde mir keine Zeit. Sie steuerte das nächste Textilkaufhaus an. Noch größer als das Erste. Wenn sie zu Hause auch häufig sehr unschlüssig ist, hier ist davon nichts zu merken.

Als wenn es links und rechts keine Damenartikel geben würde, marschiert sie auf die Rolltreppe zu und verblüfft mich. Aha, denke ich, in diesem Laden können sie es noch besser, noch höher.

Herrenabteilung. 5. Stock. Rolltreppe hoch. 1. Stock. Einen Bogen laufen und dann weiter zum 2. Stock. Ne, tut sie aber nicht. Sie geht gerade aus. Verdutzt lauf ich hinterher.

Wenn die sich irgendwo auskennt, dann in Geschäften. Draussen würde sie ohne Navigationsgerät, nicht einmal den Nachbarort finden. Aber in Geschäften kennt sie sich blind aus.

Deshalb wunder ich mich, das sie hier den Aufwärtstrend unterbricht.

Weil sie jede Ecke kennt, habe ich dunkle Vorahnungen.

Bei Damenbademoden bleibt sie stehen. Was sollen wir hier, frag ich mich?

Bin ich blöd. Ja sicher, nur gucken.

" Mein Bikini sieht nicht mehr so gut aus. Der fängt allmählich an, auszuleiern. Ich wollte nur mal eben gucken, was die hier für Modelle haben und wie teuer die sind. Geht auch gleich weiter."

Ja ja, nur gucken, nicht kaufen.

Manchmal verschlägt es sogar Männern die Sprache, die eigentlich nicht unbedingt Wortkarg sind.

Und dann auch noch dieser verräterische Spruch von ihr:" Was meinst du, steht der mir besser oder der von vorher?" Was soll man dazu sagen? Das ist ein Stofffetzen mit Muster drauf. Falls man das Muster erkennen kann. Die sehen doch alle gleich aus!

Sie hört aber nicht auf zu fragen. Und bevor sich das ins unendliche zieht, sag ich schnell:" Den du jetzt in der Hand hast, der sieht gut aus." Es ist zwar gelogen, aber es wirkt.

Logischer Weise nimmt sie nicht nur den einen Bikini mit in die Kabine zum Anprobieren, nein, auch noch zwei andere. Diskret halte ich Abstand von den Kabinen, so wie ein paar Männer auch. Es sind ja auch nur Frauen drin und probieren Bademoden an.

Aber so ein älterer Spanner läuft vor den Kabinen auf und ab. Schön langsam, immer darum bemüht, etwas durch die Gardinen zu erspähen. Nach einiger Zeit kommt in mir Wut auf. Wenn der nicht allmählich da raus kommt, dann geh ich da rein und hole ihn raus. Meine Frau ist doch kein Schauobjekt. Dann wird eine Gardine beiseite geschoben und der Spanner wird nervös.

Ein Wesen kam heraus, dessen Geschlecht ich nicht einordnen konnte. Das Wesen winkte dem Spanner zu und forderte ihn auf, die Kleidung aus der Kabine mitzunehmen. In der Hand hatte es einen Bikini.

Jetzt gingen meine Vermutungen dahin, das es sich vielleicht um seine Frau handeln könnte.

Obwohl ich das nicht wirklich glauben konnte. Kurzhaarfrisur, Oberlippenbart und Kleidung, wie sie eigentlich Männer tragen. Von den vielen Pickeln mal ganz abgesehen. Der Spanner sprang um das Wesen wie ein Karnickel, das beim Möhrenklau erwischt wurde.

Erst als er fragte:" Sitzt das Oberteil auch gut, mein Schnuffi, da sah ich auch ein paar Beulen bei "ihr" unter der Jacke. Mir wäre fast das Frühstück aus dem Gesicht gefallen.

Der Spanner ist bestimmt Astronaut und war auf einem anderen Stern. Von da hat er sie dann bestimmt mitgenommen. Und jetzt will er mal wieder eine Frau vom hiesigen Planeten sehen. Arme Sau, kann ich gut verstehen. Hätte ich das vorher gewusst, dann hätte ich ihm die Gardine von der Kabine meiner Frau, an die Seite gezogen. Mann hat ja Verständnis.

Ich wurde aus meinen Überlegungen heraus gerissen. Eine Hand aus der Kabine meiner Frau signalisierte mir, das ich zu kommen habe. Ich stecke meinen Kopf durch die Gardine.

Sie drehte sich vor dem Spiegel und schaute sich von oben bis unten an. Kritischer Blick.

Ich schaue da weniger kritisch. " Und," war ihre knappe Frage?

Mir lief das Wasser im Mund zusammen und die Augen wurden größer. Da fiel mir auch gleich wieder ein, warum ich geheiratet habe. Lecker! Einfach nur lecker!

" Was ist jetzt, wie sieht der Bikini aus," kam es ungehalten von ihr rüber?

Was für ein Bikini? Ach so ja,…..der. Es gibt Antworten, die sollte man sich zehnmal überlegen, bevor man sie ausspricht. Aber wenn man so kalt erwischt wird.

" Ja, nicht schlecht, aber hast du nicht so einen schon zu Hause?"

Wortlos und wütend, riss sie die Gardine zu. Oh oh, voll ins Fettnäpfchen getreten.

Die Gelüste, die mir beim Anblick meiner Holden im Bikini gekommen sind, kann ich zu den Akten legen. Das hat sich erledigt.

Nach kurzer Zeit, wurde mir ein kleiner Bügel mit bunten Stofffetzen herausgereicht.

Ohne mich eines Blickes zu würdigen, lief sie geradewegs zur Kasse. Das hab ich jetzt davon.

" Ich habe mir überlegt, das die ewige Sucherei nichts bringt. Ich nehme den jetzt mit und basta."

Sie redet wieder mit mir! Und so schnell. Anscheinend hat

sie doch ein schlechtes Gewissen, wegen des Bikinis.
Obwohl ich das nicht glauben kann. Als ich von ihr den
Stofffetzen in die Hand gedrückt kriege, weil sie " ihre"
Geldbörse aus der Tasche holt, da weiss ich auch warum.
Ich falle fast in Ohnmacht, beim Blick auf das Preisschild.
Mein Herz fängt an zu rasen.
Das bisschen Stoff, ist teurer als die geile Hose von vorhin,
die sie nicht haben wollte.
Ein Hauch von nichts. Je weniger, desto teurer. Ich kann es
nicht fassen.
Wie in Trance fahre ich mit ihr die Rolltreppe rauf und wir
kommen tatsächlich bis zum 5. Stock.
Wenn wir Männer wirklich, so alle fünf bis zehn Jahre, eine
Jacke kaufen wollen, dann können wir es auch ganz alleine
bewerkstelligen. Aber nicht wenn die Frau dabei ist.
Sie muss gleich eine Verkäuferin dazu holen.
Freudestrahlend kam sie zu meiner Frau.
" Mein Mann braucht unbedingt eine neue Jacke."
Die Verkäuferin musterte mich, als wäre ich ein Hengst bei
einer Körung.
" Das dürfte kein Problem sein, wenn sie mir folgen."
Die will mir garantiert die teuerste andrehen. Beim Ständer
greift meine Frau in die Jacken und hält mir auch schon eine
hin.
" Hier, die sieht ganz gut aus, die ist auch in deiner Grösse.
Probier die mal an."
Ist das nicht gediegen? Wenn sie was für sich sucht, dann
hängt sie bis zu den Ohren im Ständer und ist es für mich,
da reicht schon ein Griff. Ich kapituliere und lass es
geschehen.
Am Gesichtsausdruck meiner Frau kann ich erkennen, ob
die Jacke gefällt oder nicht.
Diese jedenfalls gefällt nicht. Sie schüttelt mit dem Kopf
und ihre Handbewegung war eindeutig. Ausziehen. Da hat
sie auch schon die nächste in der Hand. Die Verkäuferin
sorgt für den Nachschub .
Mit ernster Miene werde ich von den Damen beäugt. Das ist

ein unangenehmes Gefühl.

Nach jeder Jacke muss ich meine Kleidung wieder ordnen. Lästig. Widerlich lästig.

Wieder hielt sie so ein hässliches Ding in der Hand. Ich weiss nicht was ich für ein Gesicht gezogen habe, sie sagte jedenfalls:" Probier die trotzdem mal an. Vielleicht sieht die ja angezogen besser aus."

Was ist das für eine Logik? Kann eine hässliche Jacke angezogen besser aussehen?

Einen Vorteil hatte sie aber, sie war nicht so teuer. Nun war ich schon vom vielen Anprobieren durchgeschwitzt und hatte auch keine Lust mehr. Meines Erachtens nach, hatte ich alle Jacken in meiner Grösse, die auf dem Ständer hingen anprobiert. Doch da unterschätzte ich die Ausdauer der beiden.

Triumphierend hielten sie eine Jacke in die Luft, wo beide mit einverstanden waren. Ich sah sogar ein Lächeln auf ihren Lippen. Hatte ich die nicht schon einmal anprobiert? Die kam doch vom gleichen Ständer. Aber was nützt mir das, denn ich musste sie wieder anziehen und mich dann vor den Spiegel stellen. Stocksteif und bitte nicht bewegen, sagte die Verkäuferin. Gut, Stocksteif hat sie nicht gesagt, aber trotzdem muss ich so stehen, als hätte ich einen Besenstiel verschluckt.

Die Verkäuferin lief mit einem kritischen Blick dauernd um mich herum. Sie zupfte mal hier oder mal da an der Jacke. Das dauerte und mir blieb allmählich die Luft weg.

Manchmal stand sie ganz eng an meiner Seite. Sie drückte ihren Körper an den meinen, da kommen einem schon wunderliche Gedanken.

Ich roch ihr Parfüm und ihren Atem. So nah kommt einem sonst nur noch die Frisöse.

Hoppla, beinahe hatte ihre Hand Kontakt, mit der Region des Mannes, die der Ehefrau vorbehalten ist.

Oder hatte sie? Aber versteh einer die Frauen. Wenn sie dich dabei erwischen, wie eine andere Frau an dir rumfummelt, dann werden sie normaler Weise zur Furie. Die kratzen der die Augen aus. Aber eine Verkäuferin darf wohl alles. Meine Füsse tun weh. Ich kann nicht mehr. Luft!

Jetzt hat sie tatsächlich aufgehört zu zupfen. Beide Damen stellten sich neben mich. Die eine links, die andere rechts. Eine Hand am Kinn, die Mundwinkel leicht nach unten gezogen und langsam den Kopf hin und her wiegend, so schauten sie sich die Jacke an. Die Verkäuferin kam noch einmal zum finalen Zupfer zu mir rüber. Na, diesmal war sie wohl dran!

Dann entkrampften die Damen wieder. Würde ich auch gerne. Ich kam mir langsam vor, wie einer dieser verkleideten Typen, die immer regungslos in der Fussgängerzone stehen und denen man Geld in den Hut legt. Vielleicht hätte ich das mit dem Hut mal versuchen sollen. Die Verkäuferin fand zu ihrer Sprache zurück:" Also, ich würde sagen, die sitzt prima."

Muss ja wohl, bei der Zupferei. Und was ist, wenn ich mich bewege? Soll ich weiter so steif durch die Gegend laufen? Und wenn ich mich drehe, dann mit dem ganzen Körper, damit sich auch wirklich nichts verschiebt. Autofahren kann ich in Zukunft vergessen. Ich kann die Jacke nicht ausziehen, weil sie sonst verknuddelt. Und wenn ich es trotzdem mache? Kommt dann die Verkäuferin und zupft die Jacke wieder zurecht? Aua, das sollte eigentlich eine Jacke werden, die ich auch tragen kann und nicht nur zum Anschauen im Schrank rum hängt.

" Was sagen sie gnädige Frau?"

Sie versuchte meine Frau zu überzeugen. Mich brauch man ja nicht zu überzeugen, ich muss die Jacke ja nur tragen. Also bin ich nicht die Person, die man ansprechen muss. Hat vielleicht einer mal nach meiner Meinung gefragt? Meine Frau nickte verhalten, immer noch mit einem kritischen Blick.

Jetzt sag endlich was, denn allmählich weiss ich, wie Schaufensterpuppen sich fühlen müssen.

Komm, mitnehmen und weg.

" Ja schon, die ist nicht schlecht, mmhh."

Was heisst hier, mmhh. Lass dir doch nicht alles aus der Nase ziehen. Sag einfach nur, die steht dir und fertig.

" Ne Schatz, die Jacke steht dir nicht, da bist du nicht der Typ für."

Wie bitte! Ich bin nicht der Typ für diese Jacke?

Hab ich nicht eine Schulter, zwei Arme dran und einen Kopf oben drauf? Was für Vorrausetzungen muss man mitbringen, um diese Jacke tragen zu können? Ich sag es ja. Frauen haben auch zwei Augen im Kopf, genau wie wir, nur die sehen damit anders.

Bevor ich meinen Kommentar dazu beitragen konnte, hing die Jacke auch schon wieder im Ständer.

Mir blieb nur noch das Kopfschütteln übrig.

Meine Frau verabschiedete sich freundlich von der Verkäuferin und obwohl die mir keine Jacke verkauft hat, machte sie einen zufriedenen Eindruck. Ja klar, durfte sie mal wieder an einem fremden Mann herumgrabbeln.

Wieder stand ich auf der Rolltreppe, diesmal nach unten. Wieder eine Tüte mehr in der Hand und was ist da drin? Ein Stofffetzen, aber keine Jacke.

Draussen ist die Menschenmenge nicht weniger geworden, eher mehr. Dichtes Gedränge und Geschiebe. Es regnete noch immer leicht.

Doch plötzlich hoffte ich, das meine Augen mir einen Streich spielen. Lief doch auf der anderen Seite mein Schwager. Das hat mir gerade noch gefehlt. Den kann ich so gut leiden, wie einen Eimer voll mit Sülze. An dem vorbei zu kommen, ist fast unmöglich. Mit seiner überragenden Grösse, sieht der von oben alles und jeden. Meine Befürchtung bewahrheitet sich leider. Das wäre auch das erste Mal, das der uns nicht sieht. Meine Frau freut sich ihren Bruder zu sehen. Und ich erst!

Die Begrüssung der beiden, fällt wie immer, herzlich und lange aus. Ich weiss schon, was mich erwartet. Vor lauter Freude, würde ich mich am liebsten verdünnisieren. Aber ihm zu entkommen, das wäre so, als würde man mit einem Käfer gegen einen Formeleinsrennwagen antreten.

Vollkommen sinnlos.

Seine Arme erinnerten mich immer an die Tentakel eines Kraken. Und mit eben diesen, umschlug er meinen Körper. Er drückte mich an seine Brust, wie immer. Und wie immer, befand sich in Brusthöhe auch mein Kopf. Allein der Geruch seiner Kleidung, hätte mir gereicht. Aber als Raucher, hat er seine Zigarettenschachtel und sein Feuerzeug in der Brusttasche. Wo die genau sassen in seiner Jacke, konnte man anschließend in meinem Gesicht ablesen. Das ich natürlich bei solchen Begrüssungen keine Luft kriege, versteht sich von selbst.

" Mensch, das ich euch hier in der Stadt treffe. Was macht ihr hier?"

Meine Güte, wonach sieht das aus? Eierlaufen? Sackhüpfen? Oder vielleicht sind wir bei dem schönen Regenwetter nicht gern zu Hause? Hätte ich doch nur mein Gehirn zu Hause gelassen, dann würde ich mir über solche Fragen keine Gedanken machen.

Meine Frau mag ihren Bruder. Ich habe ja auch nichts dagegen, wenn die mich da nur raushalten würden. Aber das kann ich mir wohl nicht mehr aussuchen.

" Georg braucht eine neue Jacke, danach schauen wir. Glaubst du, wir würden uns sonst in dieses Getümmel werfen?"

Wie war das noch, mit dem Gehirn zu Hause lassen? Wenn ich nicht schon auf dem Boden liegen würde, na ja. Er lachte nur freundlich, wie immer. Die Tüten in meiner Hand, die sah er natürlich nicht. Wie auch. Ob da wohl eine Jacke drin ist?

Dann baute er sich vor mir auf. Ich sah nur noch Kleiderstoff. Von den vielen tausend Menschen nicht mehr einen.

" Du hast es gut Georg, du kriegst ne neue Jacke. Ich würde mir auch gerne eine kaufen. Sitzt nicht drin. Aber ich gönn dir das."

Darf das wahr sein? Mensch Basti, geh arbeiten, rauch nicht so viel und versauf nicht auch noch den Rest des Geldes mit

deinen Kumpels. Dann kannst du dir auch eine Jacke
kaufen. Wenn ich ihm das sagen würde, dann hätte ich bei
meiner Frau bis in die Steinzeit ausgeschissen.
Ich hatte ja gehofft, das das, weshalb ich ihn ganz besonders
gerne mag, mir erspart bleibt.
Irrtum, deswegen hat er sich ja vor mir aufgebaut.
" Georg, Georg, kennst du den?
Geht ein Mann zum Chef. Der Chef fragt, was willst du?
Schuss. Schuss, fragt der Chef? Was für ein Schuss?
Vorschuss. Was willst du mit dem Vorschuss?
Ich will kaufen Jacke. Was für eine Jacke, will der Chef
wissen?
Conjacke!
" Ne, den kenn ich nicht Basti, erzähl mal."
Basti schmiss sich vor Lachen fast auf dem Boden und die
Leute schauten schon alle rüber zu uns.
Er klopfte, nein er schlug mir dabei immer wieder auf die
Schulter.
Ich hatte Mühe die Taschen zu halten. Wenn wir den öfter
treffen würden, dann würde ich mir eine Ritterrüstung
besorgen. Gott sei Dank wohnt er noch bei Muttern, sonst
könnte man ihn bestimmt nicht davon abhalten. So findet er
den Weg zu uns nicht so häufig. Manchmal haben
Schwiegermütter auch Verständnis für ihre Schwiegersöhne,
wenn auch nicht bewusst.
Meine Frau lächelte ihren Bruder an und streichelte ihn über
den Arm.
" Wie wäre es, wenn wir jetzt eine Kleinigkeit essen gehen?
Ich habe da an das schöne neue Fischrestaurant gedacht. Ich
weiss Georg, das du lieber ein Schnitzel isst, aber den
Gefallen kannst du mir doch wohl tun. Basti, wollst du
mitkommen?"
Ja habe ich denn was an den Ohren? Ist die vom wilden
Hahn bestrampelt? Dem solche Angebote zu machen? Der
hat kein Geld auf der Naht, da sagt der doch nicht nein.
Tut er auch nicht. Er nickt und lacht. Immer noch oder
schon wieder?

Es ist ein Kreuz, das sie ihren Bruder so liebt, aber mein Kreuz.

" Wie du siehst, bist du überstimmt worden. Zwei gegen einen. Also musst du dich fügen."

Ich holte meine Hand aus der Hosentasche, in der anderen hatte ich ja die Tüten und schaute mir meine Finger an. Hatte ich vielleicht versehentlich an der Abstimmung teilgenommen und mit der Hand in der Hosentasche aufgezeigt? Oder habe ich nur einen Filmriss?

Was ist das für eine Auffassung von Mitbestimmung? Es wird wohl so sein, das ich die Frage überhört habe. Meine Frau ist schon raffiniert. Ich trottete hinter den beiden hinterher. Ein Vorteil hatte es ja, ich wurde nicht angerempelt. Das Fischrestaurant sah von weitem schon sehr voll aus. Hoffnung keimte in mir auf. Aber ich kenn ja meine Frau. Die gibt nicht so schnell auf. Sie stellte sich vor das grosse Fenster und schaute ungeniert hinein.

" Da, direkt hinter dem Fenster sind noch ein paar Tische frei. Na dann lasst uns mal reingehen."

Ich machte einen langen Hals und sah auch gleich die Ursache der freien Plätze.

Mein Freund aus dem Bus saß am Fenster, ganz alleine. Müffi, da ist er wieder. Sofort konnte ich verstehen, das kein anderer die Plätze belegt hat. Ich wähnte ihn eigentlich in einer Pommes Bude.

Weit gefehlt. Der verpestet lieber die Luft in einem Fischlokal und ich habe immer gedacht, das geht gar nicht. Da wo er saß, war von innen schon die Scheibe beschlagen. Und das im Sommer.

Also, das muss ich mir nicht antun.

" Tut mir leid mein Hase, ich kann den Fischgeruch nicht ab. Irgendwie wird mir schon hier draußen übel. Ich würde dir zu liebe ja gerne da rein gehen, aber es geht einfach nicht."

Die Augen meiner Frau wurden unruhig, sie schaute schon nach allen Seiten. Jetzt wusste ich, gleich platzt sie. Gott sei Dank waren viele Menschen in unserer Nähe, da wird sie nicht allzuviel riskieren.

" Typisch, wenn ich mal Fisch essen möchte, dann kommst du wieder mit deinem Egoismus. Mach was du willst, wir gehen jetzt da rein. Ich glaube, du kannst es nur nicht ertragen, das du überstimmt worden bist."

Basti stand immer noch erwartungsvoll, mit einem Lachen im Gesicht, an der Tür und hielt sie auf.

Mit Wut im Bauch war meine Frau im Lokal verschwunden und ich suchte mir auf der gegenüber liegenden Seite der Strasse, einen trockenen Platz.

Von da aus konnte ich durch das Fenster ins Lokal schauen. Gerade setzte sich ein älteres Paar an einen der freien Tische. Es dauerte auch nicht lang, da schauten sie auch schon irritiert in die Runde. Sie legten ihren Kopf in den Nacken, kräuselten ihre Nasen und schnüffelten in der Luft. Nach einem kurzen Gespräch, standen sie auf und gingen. War mir schon klar. Ich kannte ja die Ursache.

Dann sah ich meine Frau und Basti sich an eben diesen Tisch setzen. Basti saß näher an Müffi dran.

Die Bedienung kam, nahm ganz schnell die Bestellung auf und verzog sich aus der Ecke.

Merken die beiden nichts? Was müssen die für Nasen haben?

Meine Hoffnung, sie würden gleich wieder draußen sein, zerplatzte wie eine Seifenblase.

Fast vierzig Minuten habe ich mir das Schauspiel mit ansehen können.

Müffi hatte seit fünf Minuten das Lokal verlassen. Ihm beim Essen zuzuschauen, war mir gewiss keine Freude. Das er zum Essen nicht auch noch die Füsse genommen hat, grenzt schon fast an ein Wunder.

Er ist in jeder Beziehung ein Ästhet. Dann lief er auch noch mit seiner neuen Jacke prustend an mir vorbei.

Sicherheitshalber, bin ich in ein Geschäft gegangen.

Ich kam gerade wieder raus aus dem Geschäft, da sah ich noch, wie meine Frau Basti Geld zusteckte.

Ist das denn wahr? Und dann bezahlte sie auch noch die

Zeche!

War ja klar. Ich habe mir vorgenommen, im zweiten Leben werde ich der Bruder von meiner Frau.

Allmählich machte sich Unmut in mir breit. Als die beiden vor der Tür standen, nahm ich meine Frau zur Seite. Sie war schneller als ich:" Das hast du jetzt davon. Wir haben schön Fisch gegessen und du hast in die Röhre geguckt. Selbst in Schuld."

" Ja ja, da kann ich mit Leben. Aber das du Basti Geld zugesteckt hast, damit nicht. Was soll das? Der soll arbeiten gehen, dann hat er Geld."

" Du weißt doch, er ist immer so kränklich. Für ihn ist das auch nicht so einfach. Er war so traurig, das er sich keine Jacke kaufen kann, da hab ich ihm eben etwas Geld gegeben, damit er sich eine holen kann."

Ich wusste nicht wie es ist, seine Sprache total zu verlieren. Sprachlos zu sein, das kannte ich ja schon zur Genüge, aber die Sprache vollends zu verlieren. Ich machte mir Gedanken, wie lange so ein Zustand wohl dauern kann.

Müsste ich mir vielleicht noch eine gelbe Binde mit schwarzen Punkten besorgen?

Womöglich kann der sich auch noch von meinem Geld, die Jacke selber aussuchen?

Gibt es so was wie Gerechtigkeit? Wenn ja, wo?

Anstatt jetzt weiter nach meiner Jacke zu suchen, beschloss meine Frau, langsam in die Richtung zu gehen, wo Basti hingelaufen ist.

Sie wollte ja die Jacke sehen, die er sich kaufen wird.

Sie wusste wo er hingegangen ist, ich nicht. Ist auch nicht so wichtig, ich lauf ja sowieso nur nebenher.

An einem vornehmen Modeladen, an dem wir gerade vorbei gingen, wurde die Tür aufgemacht. Ein elegant gekleideter Herr trat mir dabei auf den Fuss. Er kam rückwärts heraus und hat mich nicht gesehen. " Au," schrie ich auf, das tat weh.

Er drehte sich um und grinste mich an. Ein Unglück folgt dem anderen. Es war ein Arbeitskollege von mir. Der arroganteste Arsch der Firma. Er saß in der Buchhaltung und hatte eine Kollegin geheiratet.

Ihre Eltern sind reich. Sie arbeitete nur aus Langeweile, nicht weil sie musste.

Werner, so heisst er, hat sich an sie rangeschmissen. Auf die widerlichste Art. Es war schon ekelig mit anzusehen. Und als er sein Ziel erreicht hat, da war er natürlich oben auf. Er zeigt es allen, ob sie es sehen wollen oder auch nicht, das er es geschafft hat. Für mich ist er nur der Schmarotzer.

Er sieht das natürlich ganz anders. Er gehört jetzt zu den oberen Zehntausend und so benimmt er sich auch so. Seine Gattin war dabei. Vornehm gekleidet, genauso wie er. Die Nase ganz weit oben.

" Wen haben wir denn da? Der Georg aus dem Versand. Na, auch mal ein bisschen Geld ausgeben?

Das ist ja nur gut, das ich dir auf die Füsse getreten bin, ich weiss ja, du bist hart im nehmen.

Na dann, wünsch ich euch noch viel Spass."

Er und seine Frau drückten meiner Frau die Hand und lächelten dabei oberflächlich. Sie beachtete mich überhaupt nicht. Meine Frau wünschte denen auch noch einen guten Tag. Ich denen nur die Pest am Hals. Bleibt mir denn gar nichts erspart?

" Das sind aber nette Leute. Warum hast du mir von deinem netten Arbeitskollegen noch nie was erzählt? So gepflegt und vornehm."

Jetzt brat mir doch einer einen Storch und die Beine recht knusprig.

Da erzähl ich ihr immer von dem Arsch der Firma, so ist er jedenfalls bei uns bekannt und sie erkennt ihn nicht einmal. So wie der sich benimmt, steht er in unserer Firma noch über dem Chef.

Ich gebe es auf, noch irgendwas zu erklären.

Lieber stehe ich mir mit ihr die Beine im Bauch und warte auf Basti.

3. Kapitel

Der überraschend schnell wieder auftauchte. Lachend wie
immer, mit einer Tüte in der Hand. Da war die alte Jacke
drin, die neue hatte er an. Die kam mir von weitem
irgendwie bekannt vor.
Als er bei uns war, habe ich die Jacke auch gleich erkannt.
Das war die Jacke, die mir angeblich nicht stand, nur in
seiner Grösse.
Die Preiswerteste Jacke war das nicht unbedingt. Aber das
Beste ist gerade gut genug für Basti.

" Das ist sie," fragte meine Frau? " Die steht dir aber gut."
Ich musste mich bezupfen lassen, hab mir dabei die Füsse
platt gestanden, Wadenkrämpfe bekommen und musste mir
sagen lassen, die Jacke steht dir nicht.
Aber Basti, dem steht sie. Wie ungerecht ist diese Welt? Was
habe ich verbrochen?
Und er strahlt über alle Backen. Würde ich auch, wenn ich
auch endlich eine Jacke hätte und nach Hause könnte.
" Sag mal, wie sieht dein Schuh aus? Der ist ja ganz
dreckig. Wenn du aus dem Haus gehst musst du darauf
achten, das auch die Schuhe sauber sind. Das muss ich dir
doch wohl in deinem Alter nicht mehr sagen."
Vorwurfsvoll schaute meine Frau auf meine Schuhe runter
und auch Basti war zum ersten Mal nicht am Lachen.
" Da ist mir doch gerade der Werner drauf getreten. Die
waren sauber als ich aus dem Haus gegangen bin. Dieser
hirnlose Affe hat mir den Schuh versaut. Der Armleuchter."
" Wie redest du denn über deinem netten Kollegen? Aus dir
spricht doch nur der Neid. Ich würde es auch gerne sehen,
wenn du so gut gekleidet mit mir rumlaufen würdest. Da
kannst du gleich mit einer neuen Jacke den Anfang machen.
Und mach dir mal den Schuh sauber."

Die Leute guckten schon rüber. Jetzt einen Streit vom Zaun reissen, wollte ich da lieber vermeiden.

Frauen haben da weniger Probleme mit. Jedenfalls meine nicht.

Jetzt stand ich nicht nur wie ein begossener Pudel rum, ich war auch einer.

Den einzigen Schirm den wir dabei hatten, teilten sich die beiden. Dafür machte meine Frau auch einen ganz langen Arm. Sie gab mir ein Taschentuch, um den Schuh abzuputzen. Das war natürlich eine Aufforderung. Ich bückte mich und hörte noch " ratsch."

Sofort stand ich auch wieder und sah die Bescherung. Unterhalb der rechten Hosentasche ist die Naht aufgeplatzt. Ungefähr fünfzehn Zentimeter lang. Der Riss eröffnete einen Einblick ins intimste Innenleben eines Mannes. Meine Frau schlug entsetz, mit offenem Mund und grossen Augen, die Hände zusammen. Basti lachte sich kaputt und ich bekam einen roten Kopf. Ich versuchte die Jacke lang zu ziehen, über den Riss zu bekommen. Allerdings ist das sehr schwierig bei einem Blouson. Die sind so kurz und rutschen auch gleich wieder hoch.

Meine Frau wollte einfach nur weiter. Basti dachte noch nicht daran zu gehen. Er war uns, besser gesagt ihr dankbar für die neue Jacke und deswegen wollte er uns auch noch nicht verlassen.

Wieder liefen die beiden vor mir und ich in leichter Schieflage nach rechts, wo der Riss sich befindet, hinterher. Immer mit der Hand am Blouson. Nur keine Einblicke gewähren.

Beim Anblick meines schmutzigen Schuhes muss sie wohl gelüste bekommen haben, denn urplötzlich steuert sie auf ein Schuhgeschäft zu. Das auch noch.

Ich brech zusammen.

" Hier war ich schon lange nicht mehr. Wenn man schon mal hier vorbei kommt, dann sollte man auch die Gelegenheit nutzen. Die haben immer die schönsten und preiswertesten Schuhe der Stadt. Da lohnt es sich mal reinzuschauen."

Den Glanz in ihren Augen, den kenn ich. Den hat sie nur, wenn sie Schuhe sieht. Gut bei Kleidung auch, aber bei Schuhen ist der doch noch intensiver, der Glanz.

Basti machte sich auf den Weg in die Herrenabteilung und entzog sich meinen Blicken. Ich ging erschöpft zu den Sitzgelegenheiten. Spiegel gibt es zur Genüge in so einem Laden.

Als ich auf der Höhe von einem Spiegel war, kriegte ich einen mittelschweren Schock.

Ich sah aus, als wäre ich in ein paar Stunden, um Jahre gealtert.

Die Haare platt am Kopf. Krumm wie ein alter Mann, mit der rechten Hand zog ich am Blouson. In der linken Hand die Taschen und einen schmutzigen Schuh. Wenn ich nicht wüsste, das ich das bin, dann würde ich selber glauben, das ist ein behinderter Penner.

Mutlos liess ich mich ins Gestühl fallen. Hier konnte ich wenigstens das Blouson unter mein Gesäss ziehen. Dadurch konnte ich zwar nicht gerade sitzen, aber ich konnte meine Hand von Blouson nehmen.

Leider hatten die auch hier einen Spiegel. Von der Seite sah ich aus, als hätte ich einen Buckel.

Aber hatte ich dazu eine Alternative? Entweder Hand frei oder Buckel. So wie ich aussah, liess ich es bei dem Buckel.

Meine Frau war in dem Gewirr von Frauen nicht auszumachen.

Ein gutes hatte dieses hektische Treiben ja, man beachtete mich nicht.

Ausser mir, sassen noch ein paar andere Taschenträger auf den Stühlen neben mir.

Sie schauten genauso leer, wie ich. Und anscheinend waren sie auch so durchnässt.

Ob die auch einen Schwager mit in ihrer Begleitung haben, frage ich mich?

Der Gestank von nasser Kleidung, übertünchte noch den Gestank der Ausdünstung der Schuhe.

Jedes mal, wenn eine Verkäuferin vorbei kam, rümpfte sie

die Nase und schaute empört zu uns herüber.

Ab und an, kam mal eine der Damen mit ein paar neuen Schuhen an den Füssen zu ihrem Mann und zeigte sie ihm. Dabei drehte sie sich und er musste seinen Kommentar dazu abliefern.

Brummelig und gelangweilt, sagten sie alle das selbe:" Ja, der steht dir gut."

Frauen wollen aber genau wissen, ob der besser ist als der vorherige.

" Ja, ich glaube schon." Damit geben sie sich nicht zufrieden, noch genauer.

Missmutig schauen die Männer dann schon einmal in die Runde. Sieht nicht jeder Schuh aus wie der andere? Obwohl keiner der Männer auch nur ein Wort verliert, wissen die anderen gleich, wie er jetzt leidet, der da gerade von seiner Gattin gefragt wurde.

Männer können sich auch ohne Worte unterhalten. Die Körperhaltung und das Gesicht sagen den anderen alles. Mann versteht sich und leidet.

Vergrämt, über so viel Ignoranz, verlassen die Damen dann die Bühne. Trotzig werfen sie den Kopf in den Nacken und laufen zurück, zu den Objekten ihrer Begierde.

Ich seh meine Holde antraben. Sie hat Sandaletten an den Füssen. Das gibt mir gar nichts.

Wieder wenig dran. Wie soll ich jetzt so ein paar Lederstreifen an den Füssen einschätzen?

Schöne Beine hat sie ja, das muss ich sagen. Das merke ich auch an der Reaktion meiner Nachbarn.

Aber ihre Beine kann ich ja wohl schlecht erwähnen, sonst heisst es gleich wieder, du denkst immer nur an das Eine.

Gott sei Dank ist es das erste Paar, da brauch man noch nicht viel zu sagen. Bei den, die darauf folgen, wird es schon bedeutend schwieriger.

Sie dreht sich vor mir und die anerkennenden Blicke von den Seiten, ließen ein wenig meine Brust anschwellen. " Na Schatz, wie findest du die?"

Da schauten die Nachbarn alle zu mir rüber. Da Männer sich

auch ohne Sprache verstehen, verstand ich sofort was sie mir sagen wollten.

So ein Penner, hat so eine Klasse Frau? Ist schon gut, dann setz ich mich eben wieder gerade hin und habe keinen Buckel mehr. Auch die Verkäuferin guckte mich erstaunt an. Verlegen lächelnd, fuhr ich noch einmal mit den Fingern durch das nicht mehr ganz so nasse Haar. Vielleicht hilft ja die leichte Kosmetik?

Mein Kommentar fiel dadurch natürlich positiver aus.

" Ja mein Hase, die sind wirklich Chic. Schön."

Freudestrahlend ging sie wieder mit der Verkäuferin von dannen.

Noch lächelte ich verlegen und die Taschenträger schauten neidisch zu mir rüber. Das konnte ich nur für kurze Zeit geniessen, dann machte es in meinem Gehirn "klick."

Ich habe ihr einen Freifahrtsschein ausgestellt! Meine Beurteilung der Schuhe fiel einfach zu positiv aus! Ich habe mich blenden lassen, durch die Blicke der Neidhammel.

Das kann, nein das wird nicht gut gehen. Dann sah ich von weitem auch noch Basti. Den hab ich schon längst wieder verdrängt gehabt. Meine Güte, hatte der ein paar Schuhe in der Hand?

Ich war zum Sitzen verdammt. Jetzt aufstehen und alle Blicke wären auf mich gerichtet.

Basti ging zu meiner Frau, mit den Schuhen. Ich schloss die Augen, ich konnte es nicht mit ansehen.

Als ich die Augen wieder auf machte, kam meine Frau mit den Schuhen zu mir herüber.

Sie selber hatte natürlich auch ein anderes Paar an und drehte sich gut gelaunt vor mir.

Das Lächeln kam nur noch gequält über meine Lippen, ich war jedenfalls bemüht darum, es hin zu kriegen. " Und, findest du sie besser?"

Jetzt wird es schon schwieriger eine Antwort zu finden.

" Schlecht sind die nicht mein Hase, aber die anderen gefielen mir besser." Sie nickte und schaute die Verkäuferin an, die neben ihr stand.

" Hier guck mal Schatz. Basti hat Schuhe für dich entdeckt. Die wurden herabgesetzt. Nur noch fünfzig Prozent vom regulären Preis. Probier die doch einmal an."

Da war ich aber perplex. Basti sucht für mich Schuhe? Ich kann es nicht glauben.

Schon hockte die Verkäuferin vor mir. Ich zog meine Schuhe aus. Na, Gott sei Dank sind die Socken sauber und ohne Löcher. Ich beobachte die Verkäuferin, wie sie mir den ersten Schuh anzieht. Sie grinst und schaut mich nicht an. Wo schaut sie denn hin? Ich glaube es ja nicht!

Mein Riss in der Hose klaffte weit auf und sie schaute ungeniert hinein.

Was soll man in so einer Situation machen? Halte ich die Hand davor oder ich tu so, als hätte ich nichts mitbekommen?

Ich habe mich für letzteres entschieden. Ihre Blicke konnte sie nicht vom Innenleben meiner Hose lassen. Ich kriegte langsam einen roten Kopf und lächelte verlegen. Sie rollte ihre Augen nach oben und schaute mich lüstern an. Es dauerte unendlich lange, bis sie mit dem Anziehen fertig war.

" Pa….passt, mein Hase," mehr kriegte ich nicht raus.

Meine Frau winkte ab. " Du musst aufstehen und laufen mit den Schuhen. So kannst du doch gar nicht beurteilen ob sie wirklich passen."

Das hat mir noch gefehlt. Erwartungsvoll warteten die darauf, das ich aufstehe. Fast akrobatisch gelang mir es hoch zu kommen, ohne das sie die offene Seite der Hose sehen konnten.

Mit den Händen an der Hosennaht, lief ich steif einen Bogen.

" Bleib mal locker Georg, sei nicht so steif."

Meine Frau die kann gut reden. Wenn sie die Verkäuferin beobachten würde, wie die zuschaut, wie ich mir einen abquäle.

Genauso akrobatisch ist es mir gelungen, mich auch wieder zu setzen. Wie das wohl ausgesehen hat?

Die Verkäuferin kam auch gleich wieder an und wollte sich vor mir bücken.

" Danke, sehr nett, aber das mache ich schon alleine."

Sie lächelte, zuckte ganz süß mit der Schulter und hielt sich zurück.

Trotzdem war es nicht einfach die Schuhe wieder auszuziehen. Sie versuchte immer noch einen Blick zu erhaschen. Ich war erlöst, als ich meine Schuhe wieder anhatte.

" Was ist, willst du dir die Schuhe mitnehmen?"

Ich zuckte mit der Schulter:" Weiss ich noch nicht, ich kann mir das ja noch überlegen."

Ich wusste ja, das wir noch lange nicht aus diesem Laden wieder raus sind. Erfahrungswerte.

" Dann nicht, dann stell ich die wieder in das Regal zurück."

Dabei wirkt sie beleidigt, als wenn sie dadurch einen Vorteil hat, wenn ich mir ein paar Schuhe kaufe.

Endlich waren sie wieder verschwunden und ließen mich alleine sitzen. So eine Prozedur brauch ich nicht noch einmal. Trotzdem tauchte meine Frau bald wieder bei mir auf. Im Schlepptau die Verkäuferin. Die grinste mittlerweile schon sehr schmutzig.

Ich kam mir allmählich vor, wie ein Pornodarsteller aus einer dieser schmuddeligen Filme.

So langsam gehen mir die Antworten aus. Jedenfalls gefielen sie nicht mehr meiner Frau. Ihre Laune wurde schlechter und von Basti war auch nichts mehr zu sehen. Ich machte mir schon Hoffnung.

Doch dann sah ich seinen Kopf weit entfernt, über ein Regal schauen. Der hat garantiert weibliche Gene. Oder einfach nur zu wenig Hirn. Meine Knochen taten weh, von der verkrampften Sitzhaltung.

Mein Hinterteil ist eingeschlafen und langsam bekomme ich Hunger und Durst. Jetzt dürfte ruhig ein Wunder geschehen. Ich hätte eher auf das Wunder hoffen sollen. Meine Frau bat mich aufzustehen und mitzukommen. Na endlich kommt die Erlösung.

An der Kasse lächelte meine Verkäuferin geheimnisvoll. Oder obszön? Meine Frau bleibt selbstverständlich vor ihr an der Kasse stehen. Drei Kartons standen auf dem Tresen. Hatte ich mir vielleicht vorher Hoffnung gemacht, das der Kelch an mir vorüber ziehen könnte?

Ich schaute runter zur Hand, in dem sich die Tüten befanden. Noch ein wenig Platz frei, aber muss sie auch bis auf den letzten Finger belegt sein?

Meine Frau bezahlte die Schuhe und die Verkäuferin packte die Schuhe in eine grosse Tüte.

" Ne, den grossen Karton nicht in die Tasche stecken. Den bitte extra in eine Tasche legen. Die nimmt er mit, " dabei zeigte meine Frau auf Basti.

Mit offenem Mund schaute ich dabei der Verkäuferin zu.

" Wie, wieso kriegt Basti ein paar Schuhe?"

Ich kam mir vor wie ein Fallschirmspringer, der aus einem Flugzeug abgesprungen ist, aber ohne Fallschirm. Freier Fall ins Bodenlose.

" Du wollest doch keine und Basti gefielen die Schuhe so gut. Er hat sie doch für dich rausgesucht, weil sie so schön sind. Er hat es doch nur gut gemeint."

Der gute Basti. Ich kram gleich meine letzten Kröten zusammen, kaufe eine Knarre und baller den Sack über den Haufen. Bitte, lass mich nicht zum Rumpelstilzchen werden. Das ich nicht noch auf einem Bein, mit Tobsuchtsanfall, hier durch die Bude rase. Eigentlich bin ich ein friedfertiger Mensch, genau wie andere, aber jetzt verstehe ich, wie man zum Amokläufer wird.

Wir verließen das Geschäft und lief wieder mal hinter den beiden her und kam mir vor, wie Dagobert Duck nach der Plünderung seines Speichers.

Wenn das so weiter geht, dann muss ich wohl zum Panzerknacker werden.

Mein linker Arm fing an zu schmerzen. Die Taschen forderten ihren Tribut. Krumm, wie ich eigentlich nicht bin, eine Hand an der Hosennaht, stand ich hinter meiner Frau, die wieder mal vor einem Fenster stehen geblieben ist. Ich wagte gar nicht hinzuschauen, um was für ein Geschäft es sich dabei wohl handeln könnte.

" Ich gehe mal ganz kurz da rein. Ihr könnt ja draußen so lange warten."

Bevor ich was sagen konnte, war sie auch schon weg.

Vollendete Tatsachen nennt man so was.

Schmuckladen! Mir blieb ja keine Wahl, ich musste ja schauen wo sie rein gegangen ist.

Das war ja klar und Basti hinterher.

Hatte ich heute nicht schon das Vergnügen, die beiden durch eine Scheibe beobachten zu dürfen?

Das ist wie Fernsehen. Man guckt auf eine Scheibe und kann nicht ins Geschehen eingreifen.

Wie ein Krimi, dessen Ausgang man nicht kennt, aber vermutet, wer der Täter ist.

Mit dem Unterschied, da gibt es meistens ein Happyend.

Bei meinem Film nicht. In der Scheibe spiegelt sich eine Person die ich nur zu gut kenne. Müffi.

Er setzte ein Bein vor das andere, das nennt man Gang.

Nur hatte ich das Gefühl, das sich sein Gang, seit dem ich ihn das letzte mal gesehen habe, doch sehr verändert hat. Es sah mehr aus, wie ein Torkeln.

Auch sein Kopf, der vorher schon sehr rot war, leuchtete jetzt wie eine Tomate.

Der muss ganz schön getankt haben. Vielleicht hat er ja nicht gewusst, das man nach Fisch viel trinken muss.

Wahrscheinlich kennt er den Spruch nicht, Fisch will schwimmen.

Aber wenn doch, dann hat er nur einen Vorwand gesucht, um sich einen auf die Lampe zu giessen.

Gemächlich torkelte er um eine Häuserecke, ich vermute, zur nächsten Tankstelle.

Ich frage mich, wie viel Liter so ein Jumbo auf einhundert Kilometer verbraucht?

Nun hielt ich es für besser mich dem Film zu widmen, womöglich verliere ich sonst den Anschluss.

Der Nebendarsteller, schaute der Hauptdarstellerin von hinten über die Schulter. Kunststück, bei der Grösse. Gemeinsam ließen sie sich Schmuckstücke zeigen. Welcher Regiesseur hat nur diese dilettantischen Schauspieler ausgesucht? Na gut, die Hauptdarstellerin geht ja noch, die wirkt ja als Kundin in einem Laden noch halbwegs überzeugend.

Aber der Nebendarsteller, der geht ja gar nicht. Dem sein Talent reicht ja noch nicht einmal für eine billige Komödie. Grottenschlecht der Kerl.

Selbst als Kunde mit seinen zwei Taschen in der Hand. Da hatte ich plötzlich einen Filmriss.

Zwei Taschen in der Hand! Wenn der noch länger mit uns durch die Stadt geht, dann hat der mehr Taschen in seiner Hand als ich. Ich erschreckte mich, als sich im Fensterglas ein Monster spiegelte.

Es hatte weit aufgerisse Augen, die blutunterlaufen waren. Eine fürchterliche Grimasse.

Schnell drehte ich mich um, aber da war nichts zu sehen. Nur monsterähnliche Personen. Die üblichen Verdächtigen. Erst als ich noch einmal durch die Scheibe schauen wollte, sah ich es wieder.

Der Schreck war noch größer, als ich entdeckte ,das ich das Monster war.

Godzilla höchst persönlich. Ich ein Monster. Das wollte ich sofort wieder ändern. Ich ging auf die andere Strassenseite, zu einem Modeladen. Die hatten einen grossen Spiegel draußen angebracht.

Ich stellte die Tüten ab und brachte wieder Ordnung in mich hinein. Haare kämen, die Jacke richten und einfach wieder ein bisschen Menschlich aussehen.

Hinter mir hörte ich gekichere. Zwei junge Frauen amüsierten sich über mich. Sie hielten ihre Köpfe zusammen und schauten zu mir rüber. Ob die mich auch als Monster sehen?

Ich versuchte sie zu ignorieren und mich lieber um das Drama, ich weiss nicht in wie vielen Akten, auf der gegenüber liegenden Seite zu kümmern.

Sonst, wenn ich während eines Filmes auf die Toilette gehe, muss ich mich erst wieder hineinfinden, bei dieser Schmuddelkomödie brauch ich das nicht.

Als wenn in der Zwischenzeit nichts passiert wäre, stehen sie immer noch an der gleichen Stelle.

Oder ist es gar ein Standbild? Nein, die Komparsen im Hintergrund bewegen sich.

Am liebsten würde ich umschalten, aber für dieses Gerät fehlt mir die Fernbedienung.

Da ich nicht wusste, wie lang der Film noch läuft, kam ich auf die Idee,

ich könnte vielleicht ins Geschehen eingreifen. Zumal es mir draußen doch zu Feucht wurde.

Ich stellte mich neben die beiden. Die bemerkten mich gar nicht. Aber die Verkäuferin.

Sie kramte bei meinen Anblick, gleich preiswertere Schmuckstücke auf die Theke.

" Ich möchte mal anfragen, wie lang der Fi......., ich meine wie lang ihr hier noch drin bleiben wollt?

Ich hab allmählich Hunger und etwas zu trinken könnte ich auch wohl gebrauchen."

Meine Holde reagierte nicht. Erst, als der Zyklop aus der zweiten Reihe, sie auf mich aufmerksam machte. " Heidi, Georg hat gesagt, das er Hunger hat."

" Ach, jetzt auf einmal. Vorhin wollte er nicht mit uns ins Fischlokal gehen und jetzt fängt er an zu drängeln. Dann kannst du auch noch ein bisschen länger warten."

Hatte ich wirklich was anderes erwartet? Konnte ich nicht schon von draußen sehen, das das der falsche Film ist? Aber man kann sagen was man will, die beiden spielen ihre Rollen perfekt.

Wenn ich nur den Regiesseur von dem Film erwischen könnte, ich würde ihm das Drehbuch um die Ohren hauen.

Hätte ich gewusst, das es so ein Schmuddelfilm wird, dann hätte ich ihn nicht produzieren lassen. Jetzt ist es zu spät.

Wie lange kann sich ein Mensch mit so einen Tinnef

beschäftigen? Der Krake merkt ja sowieso nichts, der könnte auch stundenlang zusehen, wie Seifenblasen zerplatzen.

Oder wie einer eine Kette aufs Fahrrad zieht. Für ihn ist alles interessant.

Jetzt fängt auch noch mein Magen an zu grummeln und die Verkäuferin schaut mich schief von der Seite an. "
Eigentlich könnte ich auch noch was verdrücken," bemerkte der Funkturm.

Das war ja wohl klar. Der kann Fressen wie ein Scheunendrescher. Der Verfrisst noch einmal das ganze Erbe meiner Frau. Zu Hause bei den Schwiegereltern, müssen die Kühlschränke immer voll sein.

Richtig gelesen, die Kühlschränke. Der Kerl frisst rund um die Uhr. Der tut ja den ganzen Tag nichts anderes. Der Typ ist ein Phänomen. Aber glauben sie nicht, das der auch nur ein Gramm zunimmt.

Entweder der hat einen Bandwurm oder vielleicht sogar einen Lindwurm in seinem Darm.

Sicherheitshalber schaute ich mich noch einmal im Laden um, aber zum Glück gab es hier nur Schmuck für Frauen. Wenigstens etwas.

" Guck mal Schatz, die Uhr sieht doch Chic aus. Die passt zu dem Armband was ich mir ausgesucht habe. Natürlich auch zu dem Ring hier, schau mal."

Schlagartig bekam ich ein Flimmern vor meinen Augen. Ich fing an, mir Gedanken um meine Gesundheit zu machen. Sehstörungen kamen jetzt auch noch zu den Sprachstörungen hinzu. Wo sollte das nur enden?

" Oh, Schatz du nickst. Das ist nett. Dann packen sie das mal ein."

Ich nicke? Das sind nervöse Zuckungen. Die habe ich nicht unter Kontrolle. Zu spät, sie bezahlt schon.

Weswegen sind wir noch einmal in die Stadt gefahren? Wenn ich mich recht erinnere, um mir eine Jacke zu kaufen. Jetzt erst recht. Jetzt will ich eine.

" Da, dahinten ist ein Textilgeschäft, da gehen wir jetzt hin.

Da kauf ich mir eine Jacke."

Ich zog meiner Frau am Ärmel und sie schaute verdutzt.

" Gleich Schatz, wolltest du nicht vorher was essen? Um die Ecke ist doch dieser Bratwurststand, da kannst du doch auf die Schnelle eine Wurst essen."

" Oh ja, ich auch." Das will ich nicht gehört haben, ich auch. Den Langen kriegt man niemals satt.

Wenn der nur das Wort Essen hört, dann macht sein Magen klick.

" Ja gut, dann lass uns da mal hingehen. Bevor ich ganz vom Fleisch falle. Aber dann kauf ich mir eine Jacke."

Wurde meine Stimme schriller?

Oh, meine geplatzte Hosennaht, die hätte ich schon fast wieder vergessen. Hand drüber und um die Ecke. Der Stand war umlagert von hungrigen Männern. Ich ergatterte einen freien Stehtisch und meine Frau stellte sich nach der Wurst an. Der Geruch der Wurst kitzelte in der Nase und regte den Hunger noch mehr an. Neben mir stand natürlich Basti. Er erklärte mir ständig wo Heidi sich gerade befindet.

" Georg, jetzt sind noch elf Leute vor ihr, Georg, jetzt noch zehn."

Wenn ich nur lange Arme hätte, ich würde ihm eine reinhauen. Vielleicht würde es klappen, wenn ich hochspringe?

" Georg, jetzt bezahlt sie." Was war das für ein Wort, bezahlt? Ach deswegen kriege ich so ein zucken im Auge. Na wenigstens hört er auf zu labern.

Gut das sie zwei Würste mitbringt, bei meinem Hunger. Da hat sie wirklich einmal mitgedacht.

" Guten Appetit Georg und für dich habe ich auch eine mitgebracht Basti. Ich weiss ja, was du immer für einen Hunger hast."

Ich nehme alles zurück, pah mitgedacht. Basti schnappte sich die Flasche mit dem Senf.

" Wollst du auch welchen haben, " fragte er?

Er wartete meine Antwort erst gar nicht ab, sondern kam gleich mit der Flasche rüber und drückte ab.

Ich hatte in der rechten Hand die Wurst und in der linken Hand die Pappe wo das Brötchen drauf lag.

Darauf zielte er und ich war gerade im Begriff, mich umzudrehen.

Versteht sich natürlich, das so eine Aktion in die Hose geht und zwar in meine.

Anstatt auf die Pappe, ging der Senf mir hinten an die Hose. Der Bissen blieb mir im Halse stecken. Ich schaute mir hinten die Bescherung an. Dabei musste ich mich ganz schön verrenken. Es sah so aus, als hätte ich mir in die Hose gemacht.

Basti, der Birnemann, lächelte mich verlegen an:" Tut mir leid Georg, das habe ich nicht extra gemacht. Soll ich dir das wegmachen?"

Meine Schädeldecke war kurz davor hochzuklappen, so stand ich unter Dampf. Ich war drauf und dran das lange Elend von seinem Schicksal, nein von meinem Schicksal zu befreien. Ich hämmerte mir immer wieder ein," der kann nichts dafür, der kann nichts dafür." Langsam kam ich wieder runter.

" Nimm deine Finger da weg," zischte ich ihn noch an.

" Nun sei nicht so grob zu ihm Georg, er meint es doch nur gut. Das hat er doch nun wirklich nicht extra gemacht. Vertragt euch."

Das fehlte auch noch, das er das extra gemacht hat, dann würde ich ihn nämlich auf mein Mass einkürzen. Meine Frau kratzte den Senf von der Hose ab.

Eine Waschgelegenheit hatte der Stand nicht, ich musste wohl oder übel so mit der Hose weiterlaufen.

Basti hat zwar nicht den meisten Verstand, aber dafür waren seine Instinkte wohl ausgeprägter.

Er spürte, das es an der Zeit war, sich abzusetzen. Herzlich verabschiedete er sich von seiner Schwester und bedankte sich für alles und bei mir fiel die Verabschiedung kärglicher aus.

Er drückte mir die Hand und schaute auf den Boden.

Wenigstens war es ihm peinlich.

" Guck mal Georg, da liegen zwei Euro."
Das schlägt dem Fass den Boden aus. Des einen Glück, des anderen Leid. Das man sich da, im wahrsten Sinne des Wortes beschissen vorkommt, kann wohl jeder nachvollziehen
Basti war weg und ich wurde auch gleich wieder ruhiger.

" Na komm mein Schatz, dann lass uns mal zu dem Textilgeschäft gehen, was wir vorhin gesehen haben. Da werden wir für dich bestimmt eine Jacke finden."
Sie streichelte mir sogar über den Arm. Na ja, nachtragend war ich noch nie, dann will ich auch jetzt damit nicht anfangen. Neue Chance, neues Glück. Irgendwie fühlte ich mich erleichtert.
" Nein Brigitte! Das ich dich hier treffe, ich kann's ja gar nicht glauben. Ist das schön."
Ich kann's auch nicht mehr glauben. Brigitte, die beste Freundin meiner Frau. Wenn die sich begegnen, so wie jetzt, dann wird man das Gefühl nicht los, die hätten sich zehn Jahre nicht mehr gesehen. Wie ich weiss, war das vorgestern beim Friseur.
" Heidi, das gibst doch gar nicht. Ja wirklich schön, das wir uns treffen. Ich habe gerade noch an dich gedacht. Welch ein Zufall." Ich glaube nicht mehr an Zufälle. Das ist mein Schicksal.
Demnächst werde ich eine Handleserin aufsuchen, damit ich nicht immer in solche Fallen tappe.
Die Stadt ist voll mit Menschen, tausende sind in so einer Grosstadt unterwegs, aber die beiden laufen sich immer über den Weg. Das ist das achte Weltwunder.
" Tag Georg. Mein Gott, du siehst aber, endschuldige wenn ich das so sage, beschissen aus. Du solltest mal einen Arzt aufsuchen."
Danke für den Typ. Vielleicht bekomme ich ja von dem auf Krankenschein eine neue Jacke und vielleicht auch noch eine neue Hose? Die Frau hat eine Begabung. Eigentlich müsste sie mit Basti verheiratet sein, die würden zusammen

passen. Sie ist aber mit einem Rechtsanwalt verehelicht.
Ein furztrockener ist das. Bei dem klemmt alles. Ich mag
überhaupt nicht daran denken, das wir morgen bei denen
zum Kaffee eingeladen sind. Mir graut schon jetzt davor.
Den Sonntag hatte ich eigentlich nicht mehr gespeichert.
" Ihr beide habt doch sicher kurz Zeit für einen Kaffee? Da
vorne bei Cafe Schultze. Da waren wir doch schon öfter. Da
gibt es den Besten."
Wissen sie wie schnell Frauen reden können? Natürlich
nicht alle, aber die Zwei.
So schnell kann kein noch so gut funktionierendes
männliches Gehirn arbeiten.
" Ja sicher können wir das," war die prompte Antwort
meiner Gattin. Kommen die beiden zusammen, dann bin ich
nur noch Luft. Irgendwie hatten wir das heute schon einmal.
Es ist zum Mäusemelken. Seitdem wir in der Stadt sind,
sehe ich von ihr nur noch den Allerwertesten.
Ich will mich ja nicht beschweren, das ist immer noch ein
geiler Anblick, aber bald werde ich dadurch Seekrank.
Dieses ewige hin und her in der Hose, ist nicht gut für
meinen Kreislauf. Jetzt kommt auch noch Brigitte dazu. Ich
muss meine Augen davon abwenden. Und nicht nur das, ich
muss an mein eigenes Gesäss denken, will ich nicht zum
Gespött der Leute werden.

Die beiden brabbeln drauf los, was das Zeug hält, ohne
Pause. Ich versuche erst gar nicht, meine Ohren da
einzuklinken. Ist bestimmt auch nicht mein Thema. Die
vielen Menschen waren es, die mich nervös machten.
Ängstlich schaute ich mich nach allen Seiten um. Kam mir
eine Person entgegen, die mir vielleicht auf die Hose gucken
könnte, drehte ich mich in eine andere Richtung. Dann
wieder die Hand an der Hosennaht. Drehung, Hosennaht,
Jacke runter ziehen, umdrehen, nach links gucken, nach
rechts und nach hinten, wieder nach vorne schauen um nicht
den Frauen in die Hacken zu treten.
Eigentlich will ich damit erreichen, das bei den Leuten kein

Verdacht aufkommt.

Aber genau das Gegenteil ist der Fall. Alle starren mich an. Ob die mich für einen Solotänzer des Moskauer Staatsballett halten, bei der Aufführung des sterbenden Schwans? Oder einfach nur für einen ausgebrochenen Vollidioten? Ich versuchte mich gar nicht erst in ihre Gedanken hinein zu versetzen. Ich versuchte abzuwägen, was schlimmer für mich ist.

Mit einer Gammelhose durch die Gegend zu laufen oder mich weiter zum Affen zu machen?

Mein Gott, wie weit ist das Cafe noch entfernt? Was verstehen die unter da vorne?

Wir sind schon an drei Cafes vorbei gekommen und sie machten keine Anzeichen da rein zu gehen.

Wenn ich mal mit meiner Frau spazieren gehe und ich sage, das Ziel ist da vorne, dann fängt sie schon nach zehn Metern an zu meckern. Ich kann nicht mehr. Dieses verkrampfte Laufen, fordert mir alles ab.

Ein Typ läuft auf die beiden zu. Er sieht ein bisschen heruntergekommen aus und wirkte nervös.

Sicherheitshalber ballte ich die Faust in der Hosentasche. Um Gottes willen, ich habe nicht aufgepasst!

Der Blick auf den Riss in der Hose, gab mir Gewissheit. Er klaffte weit auseinander. Schnell die Hand wieder raus und an die Hosennaht. Ich hatte dadurch kurz den Anschluss verloren und sah den Typen neben meiner Frau laufen. " Haben sie eventuell einen Euro für mich," fragte er höflich meine Damen.

Keine Reaktion. Er legte seinen Kopf etwas auf die Seite und schaute sie fragend an. Keine Reaktion.

Die beiden waren so sehr in ihrem Gespräch vertieft, das man ihnen die Schuhe von den Füssen klauen könnte. Der Typ zuckte mit der Schulter und liess sich zurückfallen. Er schaute mich an." Kannste vergessen Kumpel, das sind ganz arrogante Tanten, die geben dir trotz deiner Behinderung keinen Cent. Ich gebe dir einen Tipp. Am Heilig Geist Platz laufen normale Menschen rum, da

kannste ab und zu mal was kriegen. Seh zu."
Hat der tatsächlich mich gemeint? Ich drehte mich noch
einmal nach ihm um. Der kneift mir ein Auge zu! So weit
unten war ich noch nie. Ich wollte doch nur eine Jacke
kaufen und nicht zum Asozialen werden. Ist hier in der Nähe
ein Haushaltswarengeschäft? Da kann ich mir eine grosse
Plastiktüte kaufen und sie mir überziehen
Wann sind wir endlich am Cafe?! Langsam werde ich
öffentlichkeitsscheu.
Womöglich kriege ich davon einen dauerhaften Schaden.
Da sehe ich wieder ein Cafe, bitte lass es das sein!
Es ist das Cafe, halleluja, es wurde auch Zeit. Die Damen
gehen rein, aber nehmen nicht einen Tisch vorne am
Eingang. Nee, die müssen natürlich durch das ganze Lokal
laufen, die vorderen Tische sind ihnen nicht genehm. So eng
wie das in einem Lokal ist, wie will man da verhindern, das
die Hose nicht gesehen wird? " Ihhh, guck mal der da,"
hörte ich eine junge Frauenstimme," der hat sich in die Hose
geschissen und schämt sich nicht in ein Cafe zu gehen. Das
stinkt doch. Pfui Deibel."
Ich kriegte Gummibeine und versuchte mein Gesicht zu
verbergen. Hoffentlich haben das keine anderen Gäste
gehört. Wie peinlich! Wenn man das dauernd versucht zu
verbergen, dann bekommt man allmählich wirklich das
Gefühl, man hätte sich in die Hose gemacht. Der Tisch, den
die Frauen ausgesucht haben, bot mir wenigstens die
Möglichkeit, mit dem Rücken an der Wand zu sitzen.
Das Cafe hatte grosse Getränkekarten. Die Frauen brauchten
die nicht, die wissen in einem Cafe immer was die wollen.
In diesem Falle, kam mir das entgegen. Ich konnte mich
dahinter verstecken.

4. Kapitel

Vorsichtig, wagte ich einen Blick über den Rand der Karte. Ich sah die Bedienung neben zwei jungen Frauen stehen. Sie steckten ihre Köpfe zusammen und schauten rüber zu unserem Tisch.

Die Bedienung nickte und kam zu uns. Ich weiss, das ich unschuldig bin, wurde aber zum Scheisser verurteilt. Wie will ich mich dagegen wehren? Aufstehen und sagen, riechen sie mal hinten dran oder schmecken sie mal ab? " Was darf ich den Herrschaften bringen?"

So ganz eben konnte ich sehen, wie sie ihren Kopf drehte, um sich meinen Stuhl anzusehen.

Gott sei Dank fragte meine Frau mich," Einen Kaffee wie immer Georg."

Da brauchte ich nur," Mhhhhh," zu machen.

" Und für uns beide einen grossen Milchkaffee."

Aus der Entfernung konnte ich die Bedienung sehen, wie sie mit dem Tablett ankam. Meine Güte, musste die sich abquälen. Nicht weil sie so viel auf dem Tablett hatte, da waren nur mein Kaffee und die zwei Milchkaffee, aber weil die " Milchkaffeetassen" so riesig waren. So etwas habe ich noch nie gesehen. Jetzt wusste ich auch, warum die Damen den ersten Maigang nachgeholt haben.

Fast kraftlos fiel das Tablett, mit einem lauten Knall, auf den Tisch. Die Bedienung pustete kräftig durch. Mein Gott, soviel Kaffee habe ich noch nie in einem Behälter gesehen. Als Tasse konnte man das jedenfalls nicht bezeichnen, eher als Eimer, aber ohne Bügel.

Jetzt wurde ich neugierig. Wie wollten die Frauen aus diesem Eimer trinken?

Hochkriegen werden sie die Eimer nicht, das war schon klar. Beide Hände an den Behälter, ran ziehen und leicht nach vorne kippen. Hätte ich mir denken können.

Die waren schon öfter hier und haben schon Routine. Mich wundert nur, das wir nicht solche Dinger schon zu Hause haben. Da kann man sich die Kaffeekanne sparen.

Was ich mich jetzt allerdings frage, wie lange brauchen die für den Kaffee? Mir schwant nichts gutes.

Nur mal eben kurz eine Tasse Kaffee trinken, das bekommt jetzt für mich eine ganz neue Dimension.

Und Respekt vor der Bedienung. Denn beim Blick in das Lokal, sah ich fast nur Frauen und alle hatten diesen Eimer vor sich stehen. Mit der möchte ich mich nicht anlegen, auch wenn sie da nicht nach aussieht.

" Ach Georg. Ich wollte dich noch fragen, ob du Klaus morgen was über dein Hobby erzählen kannst?

Wo wir das letzte Mal bei euch waren, da hast du ihm wohl so Andeutungen gemacht und zu Hause hat er mir davon erzählt. Er kann ja nicht mehr Tennis spielen und sucht ein neues Hobby und das hat wohl sein Interesse geweckt. Er würde sich sehr darüber freuen. Machst du das?"

Hoppla, Brigitte spricht mich an! Muss ich das als Ehre ansehen, weil das so selten vorkommt?

" Kein Problem Brigitte, das kann ich machen." Ich gab mich trotz meiner Probleme freundlich.

Sofort flog ihr Kopf wieder zu Heidi rüber und das Geschnatter ging unvermindert weiter.

Das ihr das so zwischendurch in den Kopf gekommen ist, ist schon erstaunlich. Wie ich das so am Rande mitbekommen habe, hatten die ein ganz anderes Thema drauf. Phänomenal.

Aber das Klaus sich für mein Hobby interessiert. Ausgerechnet Klaus. Heidi ist im gleichen Tennisverein, wie die beiden und wenn Brigitte manchmal als Partnerin ausfiel, dann spielte sie schon mal gegen Klaus. Jedes mal kam sie dann frustriert nach Hause. Dann sagte sie, das es ihr keinen Spass macht gegen einen zu spielen, der immer haushoch gegen sie verliert. Und hinter vorgehaltener Hand, sagte sie auch noch, das er gegen jeden im Verein verliert. Auch gegen seine Frau. Jetzt weiss ich allerdings nicht, ob er wegen Erfolglosigkeit aufhört oder aus gesundheitlichen Gründen. Ich schätze mal, wegen ersterem. In all den Jahren, in denen Heidi mit Brigitte befreundet ist, habe ich, wenn es hoch kommt, vielleicht zwanzig Sätze mit Klaus gesprochen. Bis zu dem Zeitpunkt, wo die beiden uns einmal, ich glaube es ist so cirka drei bis vier Monate her, mit ihrem Besuch überrascht haben.

Ich war gerade mit meinem Kumpel Willi im Keller beschäftigt. Willi ist auch an meinem Hobby beteiligt, zusammen mit Frank, aber das ist eine andere Geschichte. Jedenfalls waren wir unten im Keller. Willi wollte eine Holztruhe bauen und hat nicht die Maschinen dafür, so wie ich.

Mein Keller ist sehr gut ausgestattet mit Holzbearbeitungsmaschinen. Da war klar, das er zu mir kommt und ich ihm dabei helfe. Ja und da kamen die Zwei auf Überraschungsbesuch.

Die Damen setzten sich wie immer zusammen und er saß wie immer daneben. Sonst hört er den beiden immer aufmerksam zu, aber an dem Tag ist er wohl von einer Tarantel gestochen worden. Denn nach cirka einer Stunde, fragte er Heidi, wo ich denn wäre? Sie hat es mir hinterher erzählt. Auch das sie ganz verdutzt aus der Wäsche geschaut hat. Das war für Klaus ungewöhnlich, das er nach mir fragt. Sie erklärte ihm, das ich mit Willi im Keller bin und wir eine Holztruhe bauen.

Sie sagte, das er dann so einen merkwürdigen Glanz in den Augen bekommen hätte und fragte, ob er zu uns runter gehen dürfte? Dann hat sie ihm den Weg erklärt und ihm geraten, vorsichtig zu sein.

Was meinen sie, wie dämlich ich ausgeschaut haben muss, als der plötzlich in der Kellertür stand.

Mit dem habe ich beim besten Willen nicht gerechnet. " Tag Leute," sagte er leise, so das man ihn kaum verstehen konnte. Er versuchte lässig zu wirken. Es gelang ihm aber nicht, so wie er aussah.

Er trug wie immer einen Anzug, der an dem schmächtigen Mann, wie immer eine Nummer zu gross ausfiel. Wie immer, hatte er auch diesmal wieder eine Krawatte um. Da er immer in Gerichtsgebäuden sitzt oder in seinem Büro, hat er eine leichenblasse Hautfarbe. Dadurch stach seine goldfarbene Brille stark aus seinem Gesicht hervor. So stand er da, im Türrahmen. Willi hatte keine Zeit und drehte sich nicht einmal nach ihm um und mir verschlug es kurz die Sprache.

" Nanu Klaus, was treibt dich nach hier unten? Ist Brigitte auch da?"
Er hatte wie immer, ein aufgesetztes Lächeln auf seinen Lippen.
" Ja, unsere Frauen sitzen oben beim Kaffee. Das ist ja wohl Frauensache und ich dachte, was wohl die Männer im Keller machen. Aber ich sehe schon, sehr interessant. Eine Holztruhe wird das?"
Ich war erstaunt, zumal er auch noch einen neugierigen Eindruck machte.
" Stimmt Klaus. Aber an deiner Stelle würde ich wieder nach oben gehen, es ist hier laut und staubig.
Sonst versaust du dir noch deinen Anzug."
Da tat er auch schon einen Schritt nach vorne und rutschte über ein am Boden liegendes Hölzchen aus.
Soeben konnte er sich noch abfangen und für einen kurzen Augenblick verlor er sogar sein aufgesetztes Lächeln.
" Mensch Klaus, du musst hier aufpassen. Das ist hier nicht dein Büro. Wo gearbeitet wird, da fallen auch Späne. Also, hier ist das wenigstens so."
Seine eleganten Schuhe, waren schon leicht eingestaubt.
Durch den Ausrutscher, liess sich auch Willi von der Arbeit ablenken.
Klaus hielt ihm die Hand hin und Willi zeigte ihm seine dreckigen Hände.
" Tach Klaus," kam es kurz und knapp von ihm rüber.
Wenn Willi am arbeiten ist, dann hat er für niemanden und nichts Zeit. Dann will er fertig werden und sich nicht aufhalten lassen. Er ist Kraftfahrzeugmeister im eigenen Betrieb und seine ungehaltene Art, bekommen auch manchmal seine Angestellten zu spüren. Allerdings, hat er auch seine guten Seiten. Ich habe überhaupt keine Probleme mit ihm.
" Mich interessiert nur, was ihr so macht Georg. Sieht doch

schon ganz gut aus."

Jetzt tat er auch noch so, als hätte er Ahnung. Der wollte mir doch wohl nicht sagen, das er an den Hölzern erkennen kann, um was es sich handelt.

Jedenfalls war er nicht aus dem Keller zu kriegen.

" Georg," das hörte sich ziemlich schleimig an," du Georg, könnte ich vielleicht einmal etwas absägen?"

Was wollte der? Hatte ich da richtig gehört? Er kam mir vor wie ein kleiner Junge, der im Sandkasten um das Förmchen bittet. Willi und ich schauten uns verdattert an.

" Ich weiss nicht Klaus, du versaust dir doch deine Sachen." Willi war dabei, mit einer Feinsäge Leisten zu kürzen und das hatte er wohl gesehen.

Ich habe Willi dann noch einmal angeschaut und mit der Schulter gezuckt. Der verdrehte seine Augen, was mir alles sagte.

" Komm hier rüber, pass aber auf, das du nicht schon wieder fällst," winkte ihn Willi zu sich. Er sah sehr genervt aus. Willi hatte eine Leiste angezeichnet und auf die Werkbank gelegt." So," sagte er zu Klaus," dann stell dich mal hier hin, fass mit der linken Hand an die Leiste und am Strich setzt du die Säge an."

Willi drückte ihm die Säge in die Hand und wartete. Klaus stand vor der Werkbank und grinste wie ein Honigkuchenpferd. Die Säge hielt er, wie ein Chirurg sein Skalpell. Alleine der Anblick, brachte Willi fast aus der Fassung. " Los, fang schon an, wir haben nicht stundenlang Zeit."

Oh oh, Willi wird langsam ungeduldig. Verschreckt, über den raubeinigen Willi, liess Klaus die Säge Saft und kraftlos auf den Strich fallen.

" Doch nicht so Mann, du sollst das Holz nicht durchschlagen, sondern durchsägen! Hast du noch nie eine Säge in der Hand gehabt?!"

Verängstigt, mit rotem Kopf, stand er vor der Bank und tat mir schon fast leid.

Willi stellte sich hinter Klaus, fasste ans Gelenk seiner

rechten Hand, schob die linke Hand von Klaus weiter zum Strich und sagte lauter werdend:" So, jetzt drück mit der Linken feste zu und fang an zu sägen."
Klaus wirkte leicht verstört und schaute mich fragend an. Ich nickte und schloss dabei die Augen.
Natürlich hatte Klaus nicht die Kraft, um die Leiste festzuhalten. Auch seine Sägeversuche sahen kläglich aus. Zwei Zähne vor, drei zurück, fünf Zähne vor, drei zurück. Willi stand kurz vor der Explosion. Man konnte förmlich sehen, wie sich seine Schädeldecke anhob.
Knallrot wurde sein Gesicht. Wenn das jetzt einer seiner Lehrlinge gewesen wäre, dann hätte er ihn gelyncht. Er nahm ihm die Säge aus der Hand, schob in beiseite und versuchte einen Tobsuchtsanfall zu verhindern. Dann schnappte er sich die Leiste und sägte voller Wut in atemberaubender Geschwindigkeit ein Stück davon ab.
" Hast du gesehen wie man das macht! So geht das! Und merke dir für die Zukunft, die Säge und den Schwanz, benutzt man immer ganz."
Wow, das ist noch einmal gut gegangen, dachte ich mir damals. Da ist der Klaus noch mit einem blauen Auge davon gekommen. Willi kann auch böse werden.
Total verunsichert, mit leicht rötlichem Gesicht, was ihm eigentlich ganz gut stand, machte Klaus einen Schritt zurück. Er wollte vorsichtshalber Abstand von Willi bekommen.
Und der stürzte sich gleich wieder in die Arbeit. Irgendwie war mir diese Situation schon wohl peinlich.
Mir wäre es sowieso lieber gewesen, er hätte das getan, was er bei unseren Treffen immer getan hat, bei den Frauen sitzen und zuhören und das stundenlang. Aber weiss der Kuckuck, was ihn am diesem Tag geritten hat. Trotz der negativen Erfahrung, ging er nicht zu den Frauen und blieb im Keller.
Wollte er sich auch so einstauben wie wir? Was sollte ich ihm sagen? Er ist ein erwachsener Mann, dem ich keine Vorschriften machen kann. Willi war ihm nicht mehr ganz

geheuer, deswegen zog es ihn zu mir. Und als er mich fragte:" Darf ich denn bei dir mal einen Nagel ins Brett schlagen?;" da wäre mir beinahe der Kitt aus der Brille gefallen. Nur Glück, das ich keine Brille trage.

Hat der nur ein dickes Fell oder einen Jagdschein? Was sollte ich gegen so viel Hartnäckigkeit machen?

Eben, nachgeben. Hatte ich dann auch gemacht.

Dann nahm das Verhängnis seinen Lauf. Ich hatte mir einen provisorischen Tisch gebaut und darauf eine Latte gelegt, die wir nicht mehr brauchten.

Dann habe ich ihn zu mir gewunken. " Pass auf, ich zeig dir erst einmal wie das geht. Schau wie ich den Nagel halte und den Hammer."

Ich schlug den Nagel in die Latte. " So, ich mach es noch einmal vor."

Und wieder habe ich den Nagel eingeschlagen. " Jetzt versuch du es, aber vorsichtig."

Freudestrahlend nahm er mir den Hammer aus der Hand. Er setzte den Nagel auf die Latte und fasste den Hammer ganz vorne am Stiel an.

" Nein Klaus, du musst den Stiel vom Hammer weiter hinten anfassen. Nicht so kurz."

Ich zog seine Hand weiter zurück. Er nickte mit dem Kopf, als wenn er es verstanden hätte.

Er hob den Hammer bis fünf Zentimeter über den Nagel und klopfte ganz zaghaft auf dessen Kopf.

Das sah schon sehr unbeholfen aus. Wahrscheinlich hatte er bis zu diesem Zeitpunkt, noch nie einen Hammer in der Hand gehabt. Ich lächelte ihn gequält an, anders kriegte ich es nicht über die Lippen.

" Du musst schon ein wenig mehr ausholen, sonst kriegst du den Nagel nie in das Brett. Ein bisschen Gewalt musst du schon rauslassen Klaus."

Für den Satz, hätte ich mir hinterher am liebsten auf die Zunge gebissen.

Er hielt tatsächlich den Hammer bis über seinem Kopf und dann sauste die Hand mit dem Hammer nach unten. Am

Nagel vorbei und traf den Daumen. Dann folgte ein lauter
Schrei. Klaus machte einen Schritt zur Seite, trat auf ein
Stückchen Holz, rutschte weg und fiel auf den Boden.
Wie das so ist in einer Werkstatt, fegt man jede Stunde den
Dreck zusammen auf einen Haufen und genau darein fiel
unser guter Klaus. Och, das war schon ein ziemlich grosser
Haufen. Vor allem Holzstaub und kleine Holzreste waren
reichlich darin.
Willi packte ihn an der Schulter und zog ihn hoch. Mein
Gott, ich habe Klaus gar nicht wieder erkannt.
So ohne Brille und von oben bis unten eingestaubt. Er hielt
sich seinen Daumen und jammerte. So einen Schmerz
kannte er bestimmt noch nicht, wie auch.
Willi und ich, wir nahmen uns jeder einen Handfeger in die
Hand und entstaubten den Klaus.
Na ja, ich brauch ja wohl nicht zu erwähnen, das es ein
ziemlich sinnloses Unterfangen ist.
Ich klemmte ihn unter meinen Arm und ging mit ihm nach
oben.
Was da abging, das kann man sich nicht vorstellen. Als seine
Holde ihn sah, fiel die fast in Ohnmacht und kriegte einen
üblen Schreikrampf. Ich setzte ihn auf einen Stuhl in der
Küche und auch gleich sprangen die Damen um ihn herum.
Er machte einen auf Schwerverletzten. Das die nicht den
Rettungswagen alarmiert haben, hatte mich schon fast
gewundert. Brigitte warf mir furchteregende Blicke zu. Und
meine Frau wollte wissen, was passiert ist. Ich habe es ihr
erklärt und den Hergang genau geschildert. " Das kannst du
doch nicht machen! Du kannst ihn doch nicht an das
Werkzeug lassen! Das ist doch genauso, als würde man dich
an den Steuerknüppel eines Flugzeuges lassen. Das ist mal
wieder typisch du, unverantwortlich. Der arme Klaus."
Der saß nicht auf dem Stuhl, der lag da drauf. Eine
Leidensmiene zog der Idiot, dafür hätte ich ihm am liebsten
noch eine rein gehauen. Dann hätte er wenigstens einen
Grund zum Stöhnen gehabt. Ich war zwar sauer auf den
Sack, aber trotzdem musste ich im innersten meiner Seele

schmunzeln.

So dreckig wie er aussah, das war die Schelte wert. Obwohl ich sie ja gar nicht verdient habe.

Brigitte beendete ihren Besuch bei uns und verabschiedete sich nicht von mir. Sie machte sich nur noch Sorgen um ihr Auto. Heidi gab ihr eine Plastiktüte für den Beifahrersitz und Klaus kriegte den Befehl, sich nicht während der Fahrt zu bewegen.

Ich stand am Fenster und konnte nur noch mit dem Kopf schütteln.

Als Heidi wieder ins Haus kam, meinte sie, sie müsste mir noch einen mitgeben:" Du musst doch aufpassen, das so etwas nicht passiert. Klaus hat doch noch nie Werkzeug in der Hand gehabt, der bringt sich doch höchstens damit um. Mach das bitte nie wieder."

Ich stand immer noch am Fenster und sah die beiden wegfahren. Das Bild hat sich in mein Gedächtnis eingebrand. Er lag auf dem Beifahrersitz und zerschmolz in seinem Schmerz und sie war am Schimpfen wie ein Rohrspatz. Unweigerlich musste ich lachen. Heidi war erbost. Aber als sie auch rausschaute, legte sie auch los. So gelacht haben wir beide schon lange nicht mehr, wie an diesem Tag.

Als ich dann zu Willi nach unten kam, wischte er sich gerade noch die Tränen aus den Augen. Natürlich auch vom Lachen. Wenigstens hat Klaus für gute Stimmung gesorgt, die auch bis zum Schluss geblieben ist. Ja, so war das und jetzt will Klaus etwas über mein Hobby wissen.

Der weiss doch, das ich mit meinen beiden Freunden Willi und Frank an einem Oldtimer rumschraube.

Vielleicht sollte ich ihm morgen empfehlen, das Häkeln anzufangen oder sich für Ikebana zu begeistern.

Wenn ich Willi das erzähle, der schmeisst sich in die Ecke und er wird mir sagen, den bloss nicht mitzubringen. Das war mal ganz schön, so geistig abzudriften. Für kurze Zeit nicht an die missliche Lage zu denken, in der ich mich befinde. Die Realität holt einen ganz schnell wieder ein.

Ich schaute auf die Tassen, eh die Eimer der beiden, die sich Gott sei Dank doch ziemlich geleert hatten. Hoffentlich bestellen die nicht noch so ein " Tässchen," sonst kriege ich einen Zusammenbruch.

Das Lokal hatte in der Zwischenzeit an Anziehungskraft verloren. Ein paar Frauen hielten sich noch hier auf, genauso in ihren Gesprächen vertieft, wie die meinigen. Das war endlich mal die Gelegenheit, für einen Trip auf die Toilette.

Ich lief schnell die Treppe nach unten. Der Blick in den Spiegel, liess mich erschaudern.

Jetzt hatte ich die Möglichkeit der Korrektur. Papier rausziehen, Wasser marsch, Papier unter dem Seifenspender halten und drücken. Scheisse! Verdammte Scheisse! Das ging doch voll in die Hose und zwar vorne in die Hose. Wie kann man nur den Spender so hirnlos einstellen, mit so viel Druck. Geht denn heute alles in die Hose? Ich muss mich zusammen reissen, sonst kriege ich den , ich weiss nicht mehr wievielten Wutanfall.

Mit Papiertüchern versuchte ich die Seife auszuwaschen. Haben sie das schon einmal versucht?

Das hört nicht auf zu schäumen und hört nicht auf und.......verdammt noch mal.

Mittlerweile war die Feuchtigkeit großflächig auf der Hose verteilt.

Ich stellte mich vor den Handtrockner und versuchte mit der heissen Luft die Hose zu trocknen.

Hatte ich so was ähnliches nicht schon einmal im Fernsehen gesehen?

Klar bei Mister Bean, da konnte ich noch drüber lachen. Das ich einmal in eine solche Situation komme. Mir ist gar nicht zum Lachen zu mute.

Jetzt hatte ich die Hose so halbwegs trocken gekriegt, aber ein fieser Rand von der Seife ist zurück geblieben. Ziemlich gross.

Entmutigt ging ich wieder zu den Frauen ins Lokal zurück. Ich blickte auf meine Uhr. Langsam wird es Zeit, den

Kaffeeklatsch zu beenden. Ich möchte noch eine Jacke kaufen und wie ich das so sehe, auch eine neue Hose.

Meine leere Tasse vor mir, in der sich die Reste des Kaffees eingefressen haben, sagt mir, das wir uns hier schon eine halbe Ewigkeit aufhalten. Ich habe ein starkes Verlangen, die Damen auf mich aufmerksam zu machen. So eine Unruhe kam in mir auf.

Ich räusperte mich. Half nichts. Dann versuchte ich es mit einem zaghaften" Hallo."

Keine Reaktion bei den Frauen. Spürte ich, wie Zorn sich in meinem Körper ausbreiten will?

Ich bekam schon wieder dieses Zucken im Auge.

Meine Hand! Was ist mit meiner Hand los! Ich habe sie nicht mehr richtig unter Kontrolle!

Sie schnellte nach vorne, traf die Tasse und die kullerte über den Tisch.

Erschrocken schaute ich die Frauen an und die mich genauso. Funkstille, ihre Münder unterbrachen den schier unendlichen Fluss an Gesprächsstoff.

Grosse Augen schauten mich vorwurfsvoll an. Ich war meiner Hand dankbar, das sie meinem Gehirn die Arbeit abgenommen hat. Die Hand hat nicht so lange gefackelt, sondern die Initiative ergriffen.

" Was machst du da Georg? Kannst du nicht aufpassen?"

Meine Hand hatte recht, ich habe die Aufmerksamkeit meiner Frau erregt.

Ich zeigte auf meine Armbanduhr:" Ich möchte ja nicht unhöflich sein, aber wird es nicht allmählich Zeit, das wir nach einer Jacke schauen? Irgendwann möchte ich auch wieder nach Hause."

Die beiden schauten sich verdutzt an und dann auf ihre Uhren.

" Stimmt wohl Brigitte, Georg hat ja recht und außerdem sehen wir uns ja morgen Nachmittag wieder.

Aber vorher muss ich noch einmal auf die Toilette."

Natürlich Brigitte auch. Hoffnungslos, da werden die Gespräche doch weitergeführt, ohne das ich da eingreifen kann. Ich will hier raus!

Die Bedienung kommt und räumt den Tisch ab und stellt auch die obligatorische Frage:" Möchten die Herrschaften noch etwas?" Verlegen schüttelte ich den Kopf, denn es war immer noch die gleiche Bedienung. Was meinen Respekt vor ihr noch erhöhte.

Anscheinend hat sie mich auch nicht vergessen. Denn aus dem Augenwinkel konnte ich sehen, wie sie ihren Kopf leicht schräg hielt, um sich den Stuhl, auf dem ich saß, genauer anzuschauen.

Damit hat sich meine Hoffnung zerschlagen, hier ohne Aufsehen wieder herauszukommen.

Nach unendlich langer Zeit, kamen meine Frauen lachend von ihrem Toilettengang zurück.

Frisch aufgebrezelt und gut anzuschauen, wie immer.

Brigitte bezahlte sogar die Rechnung. Na wenigstens was.

So, jetzt noch einmal Spiesrutenlaufen durch das Lokal und dann nichts wie weg.

Die Frauen ließen mich nicht zwischen sich kommen, keine Chance und keine Deckung.

Kopf auf den Boden gesenkt und dadurch.

Trotzdem sah ich, wie die Bedienung hinter dem Tresen hervor kam, um mich von hinten zu sehen.

Mein Gott, hat die blöde Ziege nichts besseres zu tun, als Gästen auf den Arsch zu gucken?

Als ich ungefähr zwei Meter von ihr entfernt war, blieb ich trotzig stehen und schaute sie böse an.

" Das hier hinten ist Senf! Das hier vorne ist Seife und den Riss habe ich mir beim Bücken zugezogen!

Sind sie jetzt zu frieden?"

Ihr fiel die Kinnlade auf den Boden. Mit grossen Augen und offenem Mund, liess ich sie stehen und ging zum Ausgang wo meine Frauen standen.

Die wollten ganz schnell raus.

" Sag mal, was ist denn in dich gefahren? Bist du denn bekloppt, uns hier so bloss zu stellen?!

Ich glaube es ja wohl nicht. Mit dir werde ich nicht noch

einmal hier hingehen. Du hast uns doch bis auf die Knochen blamiert."

Brigitte schaute mich erstaunt von oben bis unten an. Ach, hat sie es auch schon mitbekommen, in was für einem Zustand ich mich befinde? Jetzt schon? Erstaunlich.

Plötzlich hatte sie es auch ganz eilig nach Hause zu kommen. Dadurch fiel der Abschied zwischen den beiden auch ziemlich kurz aus. Mir sollte es recht sein.

Ich kriegte von Brigitte nur ein;" Bis morgen Georg," zugeworfen.

Heidi packte mich am Arm und zog mich Wortlos in Richtung Innenstadt.

Mit einem halben Meter Vorsprung , lief sie wütend vor mir her. Jetzt waren wir schon alleine und ich hätte jetzt neben ihr laufen können, aber denkste.

Wieder sehe ich nur ihren Rücken. Tiefer schaue ich erst gar nicht mehr.

Hat sich bei mir ein scheiss egal Gefühl eingeschlichen? Ich versuche jedenfalls nicht mehr an meiner Hose rumzufummeln. Sollen sie es alle sehen.

Der Rückweg erschien mir noch länger, als der Weg hin zum Cafe und die Zeit drängte. Schliesslich wollte ich um achtzehn Uhr zu Hause sein, komme was da wolle. Und wir müssen ja noch mit der S Bahn, oder wieder mit dem Bus nach Hause fahren.

Als wir endlich das Textilgeschäft sahen, hatte sich meine Frau noch immer nicht beruhigt. Aber schon am Eingang , verpuffte ihre Wut über mich wieder.

Woher ich das weiss? Sie bekam wieder diesen gewissen Glanz in den Augen.

Ich lief schon einmal zur Hinweisstafel, um zu schauen, wo sich die Herrenabteilung befindet. Es war mir egal, ob im dritten oder fünften Stock, ich wollte es nur hinter mich bringen.

Ich wollte nach meiner Frau winken, aber wo war sie?

Wie vom Erdboden verschluckt. Das kann nicht wahr sein! Nervös hielt ich Ausschau nach ihr.

Oben, neben der Rolltreppe, habe ich sie dann entdeckt. Sie schüttelte mit dem Kopf und winkte mich zu ihr rauf. War wohl meine Schuld und ich wähnte sie schon wieder in der Damenabteilung.

Erleichtert fuhr ich dann nach oben, zu ihr. Nicht zu glauben, sie war schon wieder verschwunden.

Natürlich schaute ich sofort an der Rolltreppe nach oben. Diesmal war sie da aber nicht zu sehen.

Hastig um mich schauend suchte ich die Etage nach ihr ab. Ich muss mit meiner dreckigen Hose, einen ganz besonderen Eindruck auf die Leute gemacht haben. In ihren Augen jedenfalls, konnte ich Entsetzen sehen. Vielleicht hielten die mich für einen ausgebrochenen Irren. Wenn ich ehrlich bin, so fühlte ich mich auch. Damennachthemden, Damenunterwäsche, da war sie. Nicht schon wieder.

Wie sollte ich sie da weg kriegen?

Im Augenblick habe ich ganz schlechte Karten bei ihr, nachdem, was im Cafe passiert ist.

Da hat sie natürlich Oberwasser und ich muss ganz klein beigeben.

Wie auf heissen Kohlen stand ich neben ihr. Sie hatte wie immer die Ruhe weg.

" Hase, muss das jetzt sein," traute ich mich zu fragen?

" Ja das muss sein und dauert auch nicht lange," war die schnippische Antwort auf meine Frage.

Die Blicke der umherlaufenden Frauen, sagten mir, was will der Kerl hier in der Abteilung.

Wahrscheinlich so ein Unterwäsche Fetischist.

Sicherheitshalber zog ich mich ein bisschen zurück, aus der Abteilung. Was meine Frau sicherlich als Aufforderung sieht, sich nicht beeilen zu müssen.

Verloren stand ich an den Umkleidekabinen herum und liess meine Frau nicht aus den Augen.

Doch die bösen, bohrenden Blicke der Frauen bei den Kabinen, ereichten meinen Rückzug.

Beunruhigt geisterte ich umher. Die Gänge auf und ab laufend, wie ein Tiger in seinem Käfig.

Sie ging zur Umkleidekabine. Ich nichts wie hin. Diesmal stand keiner der üblichen Verdächtigen dort herum. Aber wenn ich nicht aufpasse, dann wird man mich dafür halten. Obwohl es mich reizte meiner Frau auf die Sprünge zu helfen, traute ich mich doch nicht bis zu ihr hin. Ungeduldig hielt ich Abstand.

Wissen sie, wenn " Mann" es so eilig hat, weil er vielleicht seine geliebte Sportschau nicht sehen kann oder vielleicht nur nicht von Anfang an sehen kann, dann muss es für Aussenstehende so aussehen, als ob der Mann mal Pippi müsste, aber keine Toilette findet. Irgendwie kam ich mir auch so vor.
Schliesslich kam sie in aller Gemütsruhe wieder aus der Kabine, nach, ich glaube Stunden.
Als ob sie extra langsam läuft, obwohl ich zugeben muss, das sie in Geschäften nie schneller läuft, geht sie zurück zum Ständer. Ich werde bekloppt. Ich erwische mich beim Fingernägel kauen. Das habe ich ja noch nie gemacht. Herr, lass es einen Knall geben und ich bin wieder zu Hause.
Jetzt kriege ich auch noch fromme Wünsche.
Anstatt das sie jetzt mit meinetwegen auch einem Teil zu mir kommt, wühlt die Irre auch noch weiter.
Bitte nicht noch mehr anprobieren!
Sie hielt einen BH in die Luft und schaute ihn prüfend an.
Sie kommt auf mich zu! Halleluja!
Nein, warum bleibt sie jetzt schon wieder stehen?
Bei den Nachthemden. Ich breche zusammen. Will der Albtraum denn niemals enden?
Natürlich, auch da wird ordentlich drin rumgewühlt. Ich versuchte gar nicht mehr hin zu schauen. An der Rolltreppe, wo ich auf sie wartete, beobachtete ich die Leute. Vielleicht lenkt das ab.
Die meisten Männer, die jetzt noch mit ihren Frauen unterwegs waren, machten einen genauso müden Eindruck auf mich, wie ich mich fühlte.
Gibt es etwas stressigeres, als mit den Frauen einkaufen

gehen zu müssen?

Ich fuhr zusammen, als ich von hinten an der Schulter getippt wurde.

" Komm mein Schatz, dann lass uns mal in die Herrenabteilung gehen."

Das brauchte sie mir nicht zwei mal sagen. Ängstlich schaute ich auf ihre Hände. Gott lob waren sie leer. Und schnell waren wir auch oben. Um ihr die Zeitnot zu dokumentieren, zeigte ich noch einmal auf meine Uhr. Sie lächelte und nickte.

" Ich verstehe deine Eile ja mein Schatz. Wenn wir das erledigt haben, fahren wir auch gleich nach Hause zurück. Versprochen."

Ich war froh, das sie keine Verkäuferin dazu geholt hat, sonst hätte es daran noch scheitern können.

" Gucken wir erst mal hier vorne bei den Hosen, dann können wir anschließend zu den Jacken gehen," sagte meine Heidi und hatte mir die Entscheidung abgenommen.

Sie kennen das. Erst mal schauen, was es für eine Art von Hose sein soll. Meine Frau meinte eher eine feine Hose und ich meinte eher eine sportlichere Hose. Das zieht sich hin. Dann einigten wir uns auf ein Mittelding. Natürlich musste auch da erst einmal die Richtige gefunden werden.

Zu guter letzt, hat sie ihren Willen durchgesetzt und ich nachgegeben.

Zum Anprobieren der Hose, blieb mir keine Zeit mehr. Ich trieb meine Frau zur Eile an.

" Du wolltest doch noch eine Jacke kaufen mein Schatz. Deswegen wolltest du doch in die Stadt fahren.

Aber das werden wir nicht aus den Augen verlieren. Demnächst dann ganz gewiss."

Sie gab die Hose oben einem Verkäufer, wie es so üblich ist und der bringt sie dann nach unten. So ein Blödsinn. Hält nur auf. Gerne hätte ich die Hose anprobiert und anschließend angelassen, aber mir bleibt auch nichts erspart. Ich war froh, das an der Kasse kaum Leute standen, so wird es dann schneller gehen, dachte ich. Meine Frau stellte sich gleich vor die Theke. Sie fragte nach der Hose, die war aber noch nicht da.

Ich biss die Zähne zusammen und schickte ein Stossgebet nach oben. Kommt endlich runter ihr Affen und bringt mir die Hose, sonst kriege ich den Bus nicht mehr.

War ich geladen." Ach, dann können sie mir in der Zwischenzeit meine Sachen schon einpacken und dann bezahl ich die auch schon," hörte ich meine Frau sagen.

Wie bitte? Ich hätte mir beinahe den Hals verengt, so schnell wie ich meinen Kopf gedreht habe.

Einen seidenen Schlafanzug und eine rote Unterwäschegarnitur lagen auf der Theke.

Ich war einem Heulkrampf nahe. Höchststrafe, wofür bekomme ich die Höchststrafe?

Für so einen Tag, muss ich mich in der Firma ganz schön abstrampeln, das ist doch nicht umsonst.

Ich will mich ja eigentlich nicht beklagen, ich verdiene ja nicht schlecht. Aber meine Holde ist Hausfrau und verdient nicht mit. Gut, sie hat ein eigenes Konto und damit kann sie tun und lassen was sie will.

Aber das wird sie heute garantiert nicht angerührt haben, so wie ich sie kenne. Das geht vom gemeinschaftlichen Konto ab, da habe ich gar keine Illusionen.

Ich bin nur froh, das mein Konto davon nicht in Mitleidenschaft gezogen wurde.

Sie drückte mir die Tüten auch noch in die Hand. Langsam ging ich schon einmal zum Ausgang.

Es reicht ja, wenn sie auf die Hose wartet. Ich schaute nach draußen. Kein dichtes Gedränge mehr, kein Geschiebe, die Stadt hat sich doch sehr geleert. Dann können meine Frau und ich uns schnell dadurch wuseln. Jetzt könnte sie auch allmählich kommen. Ich drehte mich nach ihr um und wo war sie?!

Also, da schlägt es doch jetzt dreizehn. Die ist doch wohl nicht wieder in den Laden gegangen?

Die weiss doch wie eilig ich es habe. Verdammt und zugenäht!

Ich lief zurück zur Kasse, wo die Verkäuferinnen schon anfingen aufzuräumen.

Ich fragte ob sie wüssten wo meine Frau geblieben ist. Sie schüttelten mit den Köpfen.

Das gerade eine Frau eine Herrenhose bezahlt hat, das wussten sie noch und das sie so ausgesehen hat wie meine, das auch noch, aber wo sie hingegangen ist, das nicht mehr. Na super. Das macht das Glück perfekt. Jetzt konnte ich sie auch noch suchen.

Im Stechschritt jagte ich durch das Erdgeschoss, dann die Rolltreppe rauf in den ersten Stock.

Wieder runter ins Erdgeschoss. Noch einmal durchlaufen. Es half alles nichts, ich konnte sie nicht finden. Vielleicht war sie nach draußen gegangen und wartet da auf mich? Nein, auch das nicht. Ich biss mir auf die Lippe. Meine Uhr sagte mir, wenn ich jetzt die Beine unter den Arm nehme, dann kann ich es noch rechzeitig zur Bahn oder zum Bus schaffen.

Sie ist Erwachsen, hat eine Fahrkarte und Geld dabei, sie wird schon nach Hause finden.

5. Kapitel

Ich rannte so schnell ich nur konnte zum Bahnhof. Man, hab ich eine scheiss Kondition. Alle paar hundert Meter musste ich nach Luft schnappen. Früher bin ich die hundert Meter in elf Sekunden gelaufen und heute? Ich schob es auf die Taschen in meiner Hand, die mich derart behinderten. Das Alter kann es ja noch nicht sein. Mir lief das Wasser von der Stirn herunter und ich war am japsen wie ein Hund. Die letzten Meter, war ich nur noch so schnell wie eine Schnecke.

Aber rechtzeitig da und das zählt. Ich wusste, das meine Frau die Fahrkarten hat, deswegen musste ich mir eine neue kaufen.

Ausser Puste stellte ich die Einkaufstaschen ab und griff in die Brusttasche meiner Jacke.

Ein Griff ins leere! Nanu, das kann doch gar nicht sein! Wie ein Geistesgestörter, suchte ich alle Taschen ab, ohne Ergebnis. Jetzt bin ich zu guter letzt, auch noch bestohlen worden. Da war alles drin in der Börse. Ausweiss, ungefähr hundertachtzig Euro Bargeld und meine Checkkarte. Völlig fertig und entkräftet, sackte ich auf den Boden. Ade Sportschau, ade schöner Samstagabend, das war es endgültig.

Mein Handy! Ach nein, das habe ich ja nicht mitgenommen. Dicker konnte es für mich nicht kommen.

" Ist ihnen schlecht geworden," fragte mich eine ältere Frau und schaute mich sorgenvoll an.

Sie meinte es ja gut und ich riss mich zusammen.

" Ja ja, ich bin nur bestohlen worden. Es geht schon, danke." Schwerfällig rappelte ich mich wieder auf. Als die Dame mich so stehen sah, lief sie gleich weg, ohne noch einmal nachzufragen. War mir schon klar.

Was konnte ich jetzt noch machen? Ausser vor lauter Wut in die Luft gehen und mich meinem Selbstmitleid hingeben. Zu Fuss nach Hause gehen.

Oh Mann, das ist ein End, bis dahin, Das ist der Nachteil, wenn man am Stadtrand einer Grosstadt wohnt. Ich fühlte mich einfach nur noch Scheisse.

Lange hier am Bahnhof rum stehen, bringt nichts und bringt mich nicht nach Hause.

Womöglich halten die mich noch für einen Bahnhofspenner, so wie ich aussehe.

Ich trotte mich von dannen. Lustlos und vollkommen frustriert. Die Einkaufstüten bummelten mir an den Beinen herum. Die Blicke der wenigen Leute, die jetzt noch in der

Stadt unterwegs waren, sah ich gar nicht mehr. War mir auch egal. Eine Dose in der Gosse, kam mir gerade recht. Mit gehörig Wut im Bauch, trat ich mit voller Wucht dagegen. Irgendwie blieb ich dabei mit meiner Sohle an einer Kante hängen und riss sie mir ab. Trotzdem traf ich die Dose und die knallte laut gegen die Stossstange eines Autos. Es hallte von den Häuserwänden zurück. Ängstlich schaute ich mich um. Was habe ich da getan? Ich befand mich in einer nicht gerade feinen Wohngegend der Stadt.

Ich sah wie ein Fenster aufgemacht wurde und ein Kopf heraus schaute. Es war ein dicklicher ungepflegter Mann in einem Unterhemd.

" Ey, was geht da unten vor," schrie er aus dem Fenster," ich komm dir da mal gleich runter, dann gibt es was auf die Fresse!"

Ich zog es vor, Fersengeld zu geben. Mit solchen Leuten wollte ich mich doch nicht abgeben.

Angst hatte ich nicht, nein, aber sollte ich mir die Hände schmutzig machen?

" Verpiss dich bloss, du Penner und lass dich hier nicht noch einmal sehen," schrie er hinter mir her!

Was ist das für eine Welt geworden?

An der nächsten Ecke, wurde ich wieder langsamer. Ich setzte mich auf die Bordsteinkante und sah mir die abgerissene Sohle an. Die Schuhe kann ich wegschmeissen, die lose Sohle war nicht mehr zu reparieren. Ich musste mich zusammenreissen, um nicht in aller Öffentlichkeit einen Heulkrampf zu kriegen. Hose hinüber, Schuhe hinüber, schlimmer kann es kaum noch werden.

Die nächste Strasse, in die ich ging, sah auch nicht besser aus.

Normalerweise traue ich mich gar nicht in solche Viertel. Zwielichtige Gestalten kreuzten meinen Weg.

Ich fühlte mich sehr unwohl in dieser dunklen Gegend. Gott sei Dank bin ich denen nicht großartig aufgefallen. Warum auch, schließlich werden die mich für ihres gleichen halten. So wie ich rumlaufe.

Das war für mich eine ganz andere Welt, wie ich sie nur aus Filmen im Fernsehen kannte.

Aber als eine Gruppe Jugendlicher auf mich zu kam, wurde mir ganz anders.

" Alter, hast du mal eine Kippe für mich," fragte mich einer von ihnen?

Sie sahen bedrohlich aus und schauten grimmig aus der Wäsche. Aus der Zeitung wusste ich, das genau so schon Raubüberfälle stattgefunden haben. Sie hatten nach einer Zigarette gefragt und dann das Opfer zusammen geschlagen und ausgeraubt. Ich schluckte, nur nichts anmerken lassen, sonst bin ich geliefert.

" Ne, tut mir leid, ich habe auch keine mehr. Ich hätte auch wohl gerne eine Kippe. Aber wenn du keine Kohle hast, dann kannste dir auch keine kaufen."

Sie guckten mich schräg an. Der junge Mann kam näher zu mir und griff in die Tasche.

Ich sah mein letztes Stündlein schlagen. Instinktiv kniff ich die Augen ein wenig zu und drehte den Kopf zur Seite.

" Armer Sack, hier kannst eine von mir haben," sagte er und hielt mir eine zerdrückte Schachtel Zigaretten hin. Erstaunt oder vielleicht auch irgendwie blöde schaute ich ihn an.

" Nimm schon, man hat ja Verständnis. Willste auch Feuer haben?"

Damit habe ich nun ganz und gar nicht gerechnet. Mit einem gequältem Lächeln, zog ich vorsichtshalber eine Zigarette aus der Packung.

" Das ist ja nett, ich meine natürlich, das ist ja stark. Hab auch schon lange keine Kippe mehr gehabt. Ich danke dir mein Freund."

Schon hielt er mir ein Feuerzeug vor die Nase. Mir blieb nichts anders übrig, als mir die Zigarette in den Mund zu stecken und zu rauchen.

Das löste bei mir einen Hustenreiz aus. Welch Wunder, als Nichtraucher. Heftig hustend, nach Luft am schnappen, mir

war es schlecht und die jungen Leute schauten mir dabei zu. Bis ich wieder einiger Maßen atmen konnte, verging einige Zeit. Die Gruppe wartete solange. Ich wusste nicht worauf. Das beruhigte mich nicht unbedingt.
Ich räusperte mich ein paar mal, bis ich wieder sprechen konnte.
"Asthma Jungs, Asthma. Wenn ich ein paar Stunden nicht geraucht habe, dann muss ich erst immer abhusten. Jetzt geht es wieder."
Sie nickten. Das gab mir die Hoffnung, das ich glaubwürdig rüber kam.
" Ey Alter, kannst du mit uns kommen? Wir wollen uns ein paar Kannen Bier und ein bisschen Fusel holen. Die Flachfeile da hinten mit seinem Kiosk, rückt aber damit nicht raus. Der will den Perso sehen. Seitdem ihm die Bullen ein paar Mal auf die Bude gerückt sind, stellt der sich an wie ein Mädchen. Machste das für uns? Kriegst auch ne Kanne ab."
Was nun? Sollte ich denen das abschlagen? Ich mach mir die Folgen gar nicht ausmalen.
Wohl oder übel, werde ich mit den Jungs dahingehen müssen. Also nickte ich.
" Wohnst du auch hier in dieser miesen Gegend," wollte der junge Mann wissen?
" Ne, draußen auf der Strasse. Mal hier mal dort."
" Siehste, hab ich dir doch gleich gesagt, als ich den gesehen habe," sagte einer aus der Gruppe.
" Hängste auch immer auf dem Marktplatz ab? Dann musste ja auch den wilden Eber kennen, der auch da immer rum lungert."
Was sollte ich da sagen? Es ist eine Notsituation, in der ich mich befinde.
" Ja manchmal bin ich auch da, manchmal aber auch wo anders."
" Wie ist das so als Penner? Kann man das aushalten," wollte einer von ihnen wissen?
Hörte sich wirklich komisch an, als würde er nach einem

Beruf fragen den man ausübt. Als wenn das eine Alternative fürs Leben wäre.

Würde mich nicht wirklich wundern, wenn sie das für ihre Zukunft in Erwägung ziehen.

Das würde mir doch sehr leid tun und ich wünschte ihnen diese Perspektivlosigkeit nicht.

Vielleicht war die Frage eine Möglichkeit, sie davon abzubringen.

" Ne Jungs, das ist nichts auf der Strasse zu leben. Ich könnte mir was besseres vorstellen. Familie, Haus mit Garten, vielleicht noch Kinder und ein geregeltes Einkommen. Das wäre nicht schlecht."

Sie schauten sich ungläubig an. Das hatten sie offensichtlich nicht von mir erwartet.

" Sag mal, wie bist du denn drauf Alter? So eine Bürgerscheisse willst du? Bullschitt. Das wäre nichts für mich. Sei froh das du frei bist und nicht jeden Tag in so eine bekackte Firma musst. Du bist schon ganz schön Malle."

Gottlob waren wir am Kiosk angelangt. Sie gaben mir ein paar zerquetschte Geldscheine in die Hand, sagten was sie wollten und ich ging hinein.

Ein grosser hagerer Mann stand hinter einem schäbigen selbstgebauten Tresen. Es war dunkel in dem Kiosk und roch müffig. Der Mann schaute finster aus. Er hatte lange zottelige Haare und Zahnlücken.

Das konnte ich gut sehen, weil er dabei war, mit einem Streichholz in seinen restlichen braunen Zähnen rum zu stochern. Sein Kariertes Hemd hätte schon lange eine Wäsche nötig gehabt und jetzt stocherte er auch noch mit dem Streichholz unter den Fingernägeln. Ich mochte mir es umgekehrt erst gar nicht vorstellen. Ich merkte, wie mir mein Magen Übelkeit signalisierte.

Der schmierige Typ musterte mich auch noch von oben bis unten.

" Was willst du? Hast du überhaupt Kohle? Oder sollst du den Kaputten da draußen was zu Saufen holen? Was ist?"

Ich gab ihm keine Antwort darauf, nur die Bestellung der

Gruppe draußen an ihn weiter.

Widerwillig und nur als ich ihm das Geld gezeigt habe, holte er einen Karton aus der Ecke und stellte die Getränke da rein. Er hatte es im Gegensatz zu mir, nicht eilig. Ich konnte den Gestank nicht mehr ab und wollte wieder raus. Die Getränke abliefern und bloss raus aus dieser Gegend. Nicht das ich zu guter letzt, doch noch unter die Räder komme.

Ich legte ihm das Geld hin. Ich sah seine dreckigen Fingernägel. Bah, wie ekelig!

Das Wechselgeld hatte er in der Hosentasche. Er wühlte darin rum und holte eine Handvoll heraus.

Langsam zählte er es mit seinen ekeligen Händen auf den Tresen.

Leider hatte ich kein Geld in der Tasche, sonst hätte ich das liegen lassen. Mit Abscheu und Widerwillen, raffte ich das Geld zusammen und hielt die Hand von meinem Körper weg.

Es brannte förmlich in meiner Hand. Die jungen Leute freuten sich als sie mich mit dem Karton sahen.

" Geil, echt Geil Mann. Du hast was bei uns gut Alter."

Ich wollte nur alles schnell loswerden und dann weiterziehen.

" Hier, deine Kanne," hielt mir der junge Mann, der mich wegen der Zigarette ansprach, eine Flasche Bier hin. Lehne ich die jetzt ab? Mist, wieder so eine kniffelige Lage. Ich zog es doch vor, die Falsche anzunehmen, um sie nicht zu provozieren.

Höfflich fragte ich nach, ob ich die Flasche mitnehmen dürfte. Das löste Gelächter bei ihnen aus.

Ich wusste nicht was mir ankam.

" Ist in Ordnung, kannste mitnehmen, kein Problem. Ich weiss schon, du willst das Flaschenpfand anschließend noch abkassieren. Mach man und danke noch einmal. Kannst öfter mal vorbei kommen, wir können dich wirklich gut gebrauchen Alter. Hau rein:"

Ich guckte wohl sehr sparsam, war aber froh, gesund aus

dieser Situation herausgekommen zu sein.

Ich wollte schnell aus diesem Viertel. Wenn die nur nicht so gross wären.

Ein paar Häuserecken weiter, kam mir eine betrunkene Frau entgegen. Sie lachte schon als sie mich sah. Ich lief auf die andere Strassenseite, sie kam auch rüber. Sie hatte genau wie ich, eine Flasche Bier in ihrer Hand.

Oh oh, jetzt auch noch das. Ohne Flasche in der Hand, scheint man in diesem Viertel nicht aus dem Haus zu gehen. Wenn es möglich ist, dann am besten auch noch besoffen.

" Na mein Kleiner, wo wollen wir denn so schnell hin? Lass dir Zeit. So eilig kann man es doch gar nicht haben. Wie ich sehe, bist du doch ganz gut in Stimmung. Dann können wir doch was gemeinsam machen." So schnell konnte ich nicht reagieren, wie sie sich an mich ran geworfen hat.

Sie umklammerte mich und grinste mich unverschämt an. Ihr billiges Parfüm stank aufdringlich und ihre Haare hatten einen Friseur nötig.

Sie hob ihren Kopf und schaute mich mit wässrigen Augen an. Sie lachte laut und zeigte ihre vom Rauchen braunen Zähne. Aus ihrem Mund roch es widerlich nach Alkohol und Zigarettenqualm.

Ich wendete mich von ihr ab. Sie hing an mir wie eine Klette.

Sie liess einfach nicht los. Solche Art von Frauen, wird man nur mit Gewalt los und das ist nicht meine Art. " Lass uns zwei hübschen zum Spielplatz gehen, da sind wir ungestört."

Das fehlt mir auch noch, mit der ungestört zu sein. Ich könnte mir nichts besseres vorstellen.

Zwei Hunde ohne Halsband kamen kläffend auf uns zugeraunt.

Sie umkreisten uns und hörten nicht auf zu bellen.

Sie trat nach ihnen:" Haut ab, ihr blöden Viecher, geht nach Hause. Verschwindet!"

Das war der Moment, wo ich gerne mit Heidi und Brigitte im Cafe gesessen hätte. War das angenehm.

Aus der Distanz hörte ich einen Mann laut schimpfen.
Ich hatte Mühe mich zu drehen. Über einen Rasen, na ja
Rasen konnte man das eigentlich nicht nennen, kamen zwei
Männer zwischen umgekippten Mülltonnen in unsere
Richtung gelaufen.
Sie schienen auch angetrunken zu sein und wirkten
hochgradig aggressiv. Zielsicher torkelten sie um den am
Boden liegenden Müll herum.
" Ey du Penner, lass die Schlampe los! Ich komm zu dir
rüber, dann gibt es was aufs Fell!"
Das sagte der Bulligere von den beiden und der verstand
ganz gewiss keinen Spass.
Ich musste mich schnell von ihr lösen. Das war nicht so
einfach. Sie interessierte sich auch überhaupt nicht für den
Typen der da ankam. Ich schüttelte so fest ich nur konnte,
sie liess einfach nicht locker.
Gleich wird der Kerl bei uns sein und zuschlagen.
Zum ersten Mal in meinem Leben, wurde ich gegenüber
einer Frau brutaler.
Eine Hand in ihrem Gesicht und die andere an ihre Brust.
Oberhalb versteht sich, so viel Anstand hatte ich schon
noch. Ich drückte mit aller Gewalt. Dem konnte sie nicht
standhalten und fiel auf den Boden.
" Entschuldigung;" sagte ich noch im wegrennen, man ist ja
gut erzogen worden. Gott sei Dank waren die Kerle
betrunken, sonst hätten sie mich womöglich noch mit
meinem kaputten Schuh eingeholt.
So viel bin ich, glaube ich, mein ganzes Leben noch nicht
gerannt. Nicht einmal bei den Bundesjungendwettkämpfen.
Im Alter muss ich alles nachholen. Zwangsläufig.
Allmählich habe ich die Orientierung verloren. Dieses
Viertel hat es wirklich in sich.
Wenn ich hier Leben müsste, aber ne, das wollte ich mir
nicht vorstellen.
Zwischen den ruinösen Häusern, sah ich Gottlob die
Schnellstrasse.
Sie war mit einem Zaun drum herum gesichert. Und der war

sehr hoch. An dem ging ich entlang. Immer noch besser, als durch das Viertel weiter zu laufen. Wer weiss was dann noch alles passieren würde. Darauf kann ich nun wirklich verzichten. Eine Brücke stoppte schließlich mein weiterkommen an der Strasse. Die Häuser hier, machten schon wieder einen besseren Eindruck auf mich. Es waren auch nur wenige, denn dahinter kam ein Gewerbegebiet. Ich lief einsam durch die Strassen, keine Menschenseele weit und breit war zu sehen. War auch nicht gerade angenehm. Eigentlich bräuchte ich mal eine Pause, so kaputt wie ich jetzt war. Ich schaute mich nach einer Sitzgelegenheit um. Findet man so etwas in einem Gebiet, wo es nur Firmen gibt?

Ich ging auf den Hof einer Firma und suchte danach. Ich musste mich unbedingt einmal hinsetzen.

Vor dem Bürogebäude gab es tatsächlich eine Bank. Da fiel ich drauf, wie ein nasser Sack.

Ich stützte mit meinen Händen den Kopf und pustete erst einmal durch. Es war nicht viel, aber es half. Lange saß ich nicht auf der Bank, ein Geräusch liess mich aufschrecken. Ich befand mich auf einem fremden Grundstück und ich wollte mir nichts zu schulden kommen lassen.

Angestrengt lauschte ich nach dem Geräusch. Dann hörte ich auch noch Stimmen.

Ängstlich schaute ich mich nach einem Versteck um.

Zu spät! Drei Männer kamen auf das Gebäude zu und sie haben mich gesehen.

" Was macht der auf unserer Bank?"

Das hörte sich nicht so an, als wenn das Betriebsangehörige waren. Eher danach, das sie die Bank als ihr Eigentum ansahen.

" Was machst du hier," fragte mich der Kleinste von den Dreien, als sie fast bei mir waren?

Oh Gott, jetzt erkannte ich auch den Grössten von ihnen. Es war Müffi!

Das fehlt mir jetzt auch noch. Den hatte ich aus meinem Gedächtnis gestrichen und auch aus meiner Nase. Alle Drei torkelten auf mich zu. Sie hatten eine halbvolle Kiste Bier im Schlepptau und sahen ganz schön mitgenommen aus.

" Kannst du nicht antworten? Ich frage dich noch einmal. Was willst du hier?"

" Ach, eigentlich nur eine kleine Pause einlegen, sonst nichts."

Angst flössten sie mir nicht ein, trotzdem blieb ich vorsichtig.

Müffi schaute mich gross an. Hat er mich erkannt? Bloss nicht!

" Sag mal, hast du Schnaps dabei," lallte er mich an?

Ich habe seit sehr kurzer Zeit ein wenig Erfahrung mit solchen Typen gesammelt.

" Ne, leider nicht. Da habe ich keine Kohle für," kam es mir schon ganz locker über die Lippen.

Die Drei setzten sich auf die Bank und ich stand daneben.

" Wollste ne Flasche," fragte mich der Kleine und zeigte auf die Kiste mit dem Bier.

Bevor ich nein sagen konnte, fragte mich Müffi:" Wo kommst du eigentlich her, ich habe dich hier noch nie gesehen? Du siehst ganz schön runtergekommen aus."

Das muss ich mir von dem sagen lassen, ausgerechnet von so einem. Seine neue Jacke sah schon genauso aus, wie die Jacke, die er vorher anhatte. Voller Flecken, von oben bis unten.

" Kannst dich zu uns auf die Bank setzen, du passt da noch mit drauf," sagte der Dritte in ihrem Bunde zu mir. Gott bewahre, die stinken doch alle drei, wie die Iltisse.

" Danke, aber ich will mal weiterziehen, ist noch ein weiter Weg bis nach Hause."

" Unter welcher Brücke wohnst du denn," wollte Müffi von mir wissen und lachte dreckig dazu?

Er machte sich mit einem Feuerzeug eine Flasche Bier auf und ein Teil des Inhaltes der Flasche spritzte auf seine Kleidung. Das machte ihm überhaupt nichts aus. Warum auch? Ist ja schließlich sein Parfüm, das braucht er auf seiner Kleidung.

" Weißt du wer wir sind," sprach mich der Kleine an? " Wir sind die drei Musketiere, jawohl, das sind wir. Wir Drei hier. Genau."

Sollte ich jetzt lachen oder weinen? Die hatte ich allerdings in ganz anderer Erinnerung. Drahtig und elegant. Da sind die Drei aber weit von entfernt. Na ja, allerdings sind es ja auch schon ein paar hundert Jahre her, als sie noch aktiv waren. Dafür haben die sich nicht schlecht gehalten. Und jetzt konnte ich auch den absonderlichen Zusatzgeruch einordnen. Die sind am Verwesen!

" Ich werde euch jetzt verlassen, hat mich gefreut die drei Musketiere mal kennen gelernt zu haben."

Das war schon fast ein theatralischer Abgang von mir.

" Hau bloss ab, geh wieder zu deiner Brücke! Das ist unsere Bank! Die Bank der drei Musketiere, das kannste allen sagen! In unserem Revier hat keiner was zu suchen!"

Müffi war sehr aufgebracht und fuchtelte mit einer Bierflasche in der Hand rum. Ich hatte keine Lust mich mit den Musketieren anzulegen, ich hatte andere Sorgen.

Die Sonne, die jetzt am frühen Abend sich doch noch zeigte, war mir ein neuer Orientierungspunkt.

Da ist Westen und in dieser Richtung ist mein zu Hause. Alle Menschen die in grossen Städten leben, auch wenn sie da geboren wurden, finden irgendwann Ecken in ihrer Stadt, die sie nicht kennen. Wo sie vorher noch nie waren. So geht es mir, mit dieser Gegend in unserer Stadt. Hier war ich noch nie. Vollkommen fremd bin ich hier. Wieder lief ich einsam über die Strasse durch das grosse unbekannte Industriegebiet.

Monoton hallte das Klatschen der losen Sohle meines rechten Schuhs, von den Wänden zurück.

Die Sonne warf meinen Schatten an die Fassaden der grossen Hallen neben dem Bürgersteig. Ich war das einzige Lebewesen, weit und breit in dieser Einöde. Das hatte so etwas von Endzeitstimmung.

Nur noch die drei Musketiere trauen sich in diese unwirkliche, gottverlassene Industrielandschaft.

Wenn mir nur nicht die Geldbörse gestohlen worden wäre, dann würde ich mir ein Taxi nehmen.

Taxi! Genau, warum nehme ich kein Taxi! Das kann ich doch dann auch zu Hause bezahlen. Man, warum bin ich nicht gleich darauf gekommen? Bloss, wo find ich hier eins? Hier fährt nicht einmal ein normales Auto rum, geschweige denn ein Taxi.

Das Klatschen der Sohle auf dem Asphalt der Strasse, wurde schneller. Der Gedanke, doch noch früher nach Hause zu kommen, liess mich meine schmerzenden Beine vergessen. Die Müdigkeit war wie weggeblasen. Ich hatte wieder Perspektiven, in meiner schier ausweglosen Lage. Grinse ich vielleicht? Das war die Vorfreude!

Meine Güte, wie gross können Industriegebiete denn sein? Ich lauf jetzt schon zwanzig Minuten durch diese elende Betonwüste und ein Ende ist nicht abzusehen.

Kein Mensch hält sich hier auf, nicht mal ein Kaninchen, das ich fragen könnte.

Wie tot sind solche Gegenden am Samstag?

Da hinten sehe ich wieder mal eine Strasse einmünden, in die Strasse, auf der ich mich befinde.

Wieder keimt Hoffnung auf. Wenn ich der Sonne trauen darf, dann bin ich aus der Richtung gekommen.

Aber warum sollte sie mich belügen? Was hätte sie davon? Ist eh wurscht, ich will ein Taxi haben!

Ein paar Meter vor der Strasse wurde ich langsamer. Irgendwie traute ich mich nicht um die Ecke zu schauen, um nicht schon wieder enttäuscht zu werden.

Ich blieb stehen. Was ist, wenn ich auch hinter dieser Ecke keinen Ausweg sehe? Würde ich vor lauter Verzweiflung in mich zusammenbrechen? Und wäre ich dann nicht mehr fähig, den Weg fortzusetzen?

Wie eine Hyäne lief ich auf und ab. Dann gab ich mir einen Ruck, rannte bis zur Ecke und.......?

Halleluja, das war die Rettung.

Ich war den Tränen nahe, als ich die befahrene Strasse sah. Autos, lärm, wie ich das vermist habe.

Die Zivilisation hat mich wieder!

Das war wieder die Schnellstasse, an der ich vorhin schon einmal war. Die Autos jagten hier mit hoher Geschwindigkeit an mir vorbei. Es war nicht gerade das, was ich mir vorgestellt habe, aber ich konnte ein paar hundert Meter weiter Wohnhäuser erkennen. Ein grosses offenes Gelände lag dazwischen, das ich überqueren musste, um da hin zu kommen.

Früher müssen da Häuser drauf gestanden haben. Klinkersteine verteilten sich hier überall auf dem Gelände. Tiefe Löcher musste ich umlaufen. Jede Menge an Müll flog hier rum. Es roch hier, wie auf einer städtischen Toilette. Trotzdem rannten hier ganz viele Kaninchen rum. Jetzt brauchte ich sie auch nicht mehr. Das hat sich erübrigt.

Ich drehte mich noch einmal um. Ja, das Industriegebiet hat gigantische Ausmaße.

In so einem Gelände läuft man nicht weiter und dreht sich um, das hat Konsequenzen.

Aber hinterher ist man immer schlauer. Jedenfalls rutsche ich aus, am Rand einer dieser grossen Krater und rollte in das Loch hinein. Ich will mich nicht beklagen, denn die Landung war doch sehr weich.

Müllsäcke stoppten meinen Fall in die unendliche Tiefe des Kraters. Und das waren nicht gerade sehr wenige, die da auf dem Grund lagen. Mir war es kaum möglich, Balance zu halten.

Auf dem weichen Grund ist es fast unmöglich aufrecht zu stehen. Immer wieder lag ich in den Hinterlassenschaften der Wohlstandsgesellschaft. Na, Gott sei Dank, habe ich meine Einkaufstüten nicht losgelassen, sonst würde ich sie hier nicht wieder finden. Mit Einsatz meiner letzten Kräfte, gelang es mir, den Kraterrand zu erreichen. Obwohl ich doch ziemlich erschöpft war und mir eine Pause ganz gut getan hätte, zog ich es doch vor, mich von dieser stinkenden Kloake zu entfernen.

Schliesslich hatte ich ja auch erst die Hälfte dieser Endzeitlandschaft hinter mich gebracht.

Weil ich immer mit der losen Sohle hängen blieb, hob ich das Bein etwas höher an. Die Socke des rechten Fusses war auch schon ganz nass. Ein unangenehmes Gefühl, zumal hier überall auch noch Hundehaufen lagen. Ich wollte mir gar nicht erst vorstellen, das die Socke davon nass ist. Plötzlich schrie ich auf! Ein Stechen in meinem Fuss, liess mich stehen bleiben.

Ich humpelte noch bis zum Ende vom Gelände und setzte mich auf die Bordsteinkante.

Logisch, das war der linke Fuss. Ein kleiner Nagel schaute aus der Sohle hervor, den ich vorsichtig entfernte. Ich zog den Schuh aus, um mir die Bescherung anzusehen. Na klar, der Fuss war am bluten, war ja auch wohl klar. Behutsam zog ich den Schuh wieder an. Dabei fielen mir diverse Gemüsereste an meiner Jacke auf. Die muss ich wohl in der Müllhalde aufgesammelt haben.

Ich schaute an mir herunter. Da waren noch so einige undefinierbare ehemalige Lebensmittel an der gesamten Kleidung aufzufinden. Angewidert entfernte ich sie von mir. Mein Magen stand kurz vor einem Streik. Noch nie zuvor, habe ich mich dermaßen nach einer Dusche gesehnt.

Es fing an dämmerig zu werden und ich rappelte mich wieder auf.

Mit dem linken Fuss am Humpeln, den rechten Fuss mit der losen Sohle nach oben ziehend, den Tüten in der Hand, machte ich mich auf den Weg zu einem Taxi. Falls ich denn eines finde.

Die Schicksalsgöttin meinte es gut mit mir, denn schon an der nächsten Ecke, war ein Taxistand.

Drei Taxen standen da, das würde mir reichen. Ich klopfte an die Scheibe des ersten Wagens.

Ein grauhaariger Mann saß darin und hatte eine Zeitung in seinen Händen. Er liess die Zeitung ein wenig sacken und schaute mich über seine Brille von der Seite an. Ich wartete darauf, das er das Fenster öffnet. Tat er aber nicht.

Stattdessen drehte er seinen Kopf wieder zur Zeitung hin und hob die Arme wieder an. Ich klopfte noch einmal an die

Scheibe. Der Mann schien genervt zu sein. Er nahm die Zeitung ganz herunter, legte seine Brille ab und öffnete das Fenster. Ich lächelte ihn verlegen an.

" Was willst du," fragte er in einem ziemlich barschen Ton? Ich lächelte immer noch verlegen:" Nach Hause gefahren werden. Einfach nur nach Hause gefahren werden."

Er streckte seinen Kopf etwas hervor und schaute mich von oben bis unten an.

" Ne mein Freund, Brücken fahre ich noch nicht an, das kannste vergessen." Dabei grinste er hämisch.

" Aber ich wohne doch nicht unter einer Brücke, sondern in einem Einfamilienhaus," versuchte ich das Missverständnis aufzuklären.

" Du hast doch noch nicht einmal Kohle oder? Also, hau ab und lass mich meine Pause machen, sonst ruf ich die Bullen," wurde er lauter und schloss das Fenster wieder.

Ich wollte eigentlich zum Gegenschlag ausholen, da fiel mir meine fehlende Geldbörse wieder ein.

Schlechte Argumente, sehr schlechte Argumente hatte ich.

Ich wollte nicht aufgeben und ging zum nächsten Taxi.

Da saß eine Frau drin, mittleren Alters. Sie telefonierte mit ihrem Handy und lachte. Zaghaft klopfte ich auch an ihrer Scheibe. Sie reagierte nicht. Also wurde das klopfen heftiger. Erstaunlich, wenn die Damen telefonieren. Die vergessen die Welt um sich.

Ich schlug mit der Faust gegen die Scheibe, das hat geholfen, sie schaute mich an.

Auf die beiden Männer in den anderen Taxis, muss ich mächtig Eindruck gemacht haben. Wahrscheinlich hatten sie Angst, das ich ihnen ihre Kollegin streitig machen würde.

Jedenfalls standen sie gleich neben mir und bedrohten mich.

Wenn ich nicht gleich verschwinden würde, dann würden sie mir das Fell gerben und mich auf die Müllhalde werfen, wo ich herkäme.

Das waren dann doch zu viele Aussichten für mich. Ich zog es vor, das Weite zu suchen.

In einem Laufstil, der meiner nicht würdig war. Ich hatte

soviel Hoffnung in eine Fahrt mit dem Taxi nach Hause gesetzt. Jetzt konnte ich das wohl vergessen.

Und diesen Gestank von der nicht öffentlichen Müllhalde, wurde ich auch nicht mehr los. Wie auch, ich stank ja schließlich danach.

Musste ich tatsächlich bis nach Hause laufen?

Und dann in diesem Zustand, in dem ich mich befand. Fuss kaputt, Sohle hängt daneben, ich stinke wie ein Skunk. Nicht einmal Müffi will noch etwas mit mir zu tun haben. Wollte ich nicht nur eine Jacke kaufen? Ne, eigentlich war es meine Frau, die mich dazu gezwungen hat. Ich dachte an den schönen Morgen, als ich noch mit der Zeitung in den Händen, am Frühstückstisch saß. An die ausgedehnte fröhliche Shoppingtour mit meinem lieben Schwager Basti. An den gemütlichen Aufenthalt im Cafe Schultze mit Brigitte und an die so unterhaltsamen Gespräche der Damen. Wie ich mich danach sehne. Heile Welt.

Und Klaus, ja mein neuer Freund Klaus. Ich würde mich ja auf das Treffen morgen mit ihm freuen, aber wie denn, wenn ich nicht einmal weiss, ob ich es bis nach Hause schaffe. Meine Situation schien mir ausweglos. Weit von der Heimat entfernt und keine Möglichkeit dort hinzukommen. Von Gott und den Freunden verlassen. Du darfst nicht aufgeben, versuchte ich mir einzuhämmern, du darfst nicht aufgeben. Du hast Frau und Kinder, die brauchen dich. Ja, die Kinder weniger, die sind erwachsen. Aber meine Heidi, wie sollte sie ohne mich leben?

Kaum auszudenken. Sie würde total verkümmern, alt und ganz schnell grau werden.

Oder würde sie sich einen anderen Typen zulegen? Unter Umständen auch noch viel Spass mit dem haben? Auch noch ein tolles Leben führen?

Das gönn ich ihr nicht, schließlich habe ich ihr die Situation zu verdanken. Sie hat mich doch mit in die Stadt geschleppt und nur deshalb stecke ich in dieser misslichen Lage. Womöglich liegt sie zu Hause mit diesem Schwein schon auf dem Sofa? Das kannst du vergessen mein Hase, da mache ich dir einen Strich durch. Ich werde zurückkehren, komme da was da wolle.

Boh, habe ich eine Wut im Bauch und die liess mich schnell werden.

Na ja, geht so. Da, wo grade sich die Sonne verdünnisiert, da werde ich wieder auftauchen, auch wenn es fast unmöglich erscheint. Mein Überlebenswille war wieder da, die Kämpfernatur in mir geweckt. Das Tier im Manne wollte in seinen Bau zurück.

Aufrecht, mit stolzer Brust, lief ich durch die Strassen des mir unbekannten Viertels der Stadt.

Ich kam mir vor wie ein Star, der von den Menschen erkannt worden ist. Alle schauten mir nach.

Gott sei Dank kam keiner und bat um ein Autogramm. Ich habe ja nicht einmal einen Kugelschreiber dabei. Oh, was sehe ich denn da?!

Bahngleise! Genau, die Idee die mir gerade in den Kopf kam, war gar nicht so schlecht. Ich lauf zum nächsten Bahnhof, gehe zur Bundespolizei, erzähle denen von mir und die bringen mich dann nach Hause. Die bringen mich nach Hause?

Dilemma! Das wäre ein Dilemma. Das geht ja gar nicht. Heidi würde sich in Grund und Boden schämen vor den Nachbarn. Ich zwar nicht, jedenfalls im Moment nicht, später dann bestimmt auch.

So ein Mist aber auch. Das kann ich mir aus dem Kopf schlagen.

6. Kapitel

Der Duft eines Schnellimbisses kitzelte in meiner Nase. Sonst empfand ich den Geruch immer als abstoßend, aber wenn man sich das nicht aussuchen kann, sind das schon liebliche Düfte.

Ich stellte mich vor das Fenster des Gourmettempels und schaute hinein. Der Sternekoch schien davon nicht gerade sehr begeistert, glaubte er doch, ich würde ihm die Kundschaft vergraulen.

Wild fuchtelte er mit den Händen herum, ich solle verschwinden. Dabei wollte ich doch nur etwas von dem lieblichen Duft erhaschen. Von den erlesenen Speisen hätte ich sowieso nicht naschen können,
fehlte es mir doch an Barem.

Ich wähnte eine reissende Bestie in meiner Nähe, als ich ein lautes Knurren vernahm. Ängstlich drehte ich mich in alle Richtungen, bis ich das Knurren noch einmal hörte. Es war mein Magen! So kannte ich ihn nicht. Zum ersten Mal zeigte er mir seine wilde Seite und die verlangte nach Futter. Ich ignorierte seine Drohungen, liess mich davon nicht beeindrucken und setzte meinen Weg fort.

Raus aus der Zivilisation, an den Gleisen entlang und immer der Nase nach laufend.

So werde ich mein Ziel erreichen! Vielleicht.

An einem stillgelegten Bahngleis war ein alter Schuppen, dort suchte ich ein ruhiges Plätzchen um mich für kurze Zeit auszuruhen. Meine Beine schmerzten und wollten mal hochgelegt werden.

Der Schuppen war im Inneren sehr dreckig und roch auch ganz eigenwillig. Genau das Richtige für mich, hier pass ich rein. Ohne Schwierigkeiten konnte man aus dem Schuppen nach draußen schauen, ohne das eine Tür aufgemacht werden musste. Es fehlten jede Menge Bretter an der Fassade. So konnte ich sehen, das sich hinter dem Schuppen eine weisse Werkshalle befand.

Ich war in der Mitte des Schuppens, da sah ich an der Wand der Halle einen Sprayer bei seiner Freizeitbeschäftigung.

Das weckte meine Neugierde.

Im Glauben, ein sicheres Versteck zu haben, traute ich mich bis zum Ende des Schuppens vor.

Ich stellte mich hinter ein paar Bretter und schaute mir seine Arbeit an der Wand an.

Der hatte was auf dem Kasten, obwohl ich nicht wirklich was mit dieser Schmiererei anfangen kann.

Meine Neugierde war größer, als meine Vorsicht.

Deswegen ging ich noch ein paar Schritte weiter und das hätte ich lieber nicht tun sollen.

Ein Brett löste sich aus der Fassade und fiel mit lautem Getöse auf den Boden.

Erschreckt schaute der Sprayer zu mir rüber.

" Mensch, hast du mich erschreckt. Mach das nicht noch einmal, sonst kriege ich einen Herzinfarkt. Was machst du eigentlich hier? Willst du da in dem Schuppen schlafen?"

Er sieht in mir keine Gefahr, na Gott sei Dank. Verstecken brauch ich mich ja jetzt nicht mehr.

Ich stellte mich unten an die Wand.

" Ne Ne, schlafen will ich da ganz bestimmt nicht drin, nur ein bisschen ausruhen. Und du, was machst du da oben?"

" Blöde Frage, siehste doch. Ich verschönere diese hässliche Wand. Auf eigene Kosten, versteht sich."

Der junge Mann, machte unvermindert weiter und liess sich durch mich nicht stören.

So etwas habe ich noch nie gesehen. Unter anderen Umständen, hätte ich wahrscheinlich die Polizei alarmiert.

" Ich muss schon sagen, du machst das prima. Aber findest du das gut, die Wände zu beschmieren?"

Ihm wäre fast die Dose aus der Hand gefallen. Erbost schaute er runter zu mir.

" Hä, bist du mit dem Klammerbeutel gepudert worden? So einen Schwachsinn hätte ich nicht von dir erwartet. Erstens ist das keine Schmiererei, sondern Kunst und zweitens geht dich das überhaupt nichts an. Was ärgere ich mich über dich? Du hast doch überhaupt keine Ahnung."

Was sollte ich darauf entgegnen? Er ist in meinen Augen ein Volksschädling, aber auch ein Mensch.

Er hörte auf zu sprühen und kam zu mir herunter. Wollte er mir an den Kragen? Ich bereitete mich darauf vor.

" Hör mal Alter, das ist mein Hobby, meine Freizeitbeschäftigung. Das gibt mir was, verstehst du. Scheiss auf die Gesellschaft, scheiss auf die Spiesser. Das müsstest du auch mal versuchen. Was meinst du, was das für ein Gefühl ist, erwischt zu werden. Das ist ja der Kick beim sprayen und dann den Bullen zu entkommen. Einfach nur geil!"

Der junge Mann stand vor mir und machte einen sympathischen Eindruck auf mich. Er sah überhaupt nicht so aus, wie ich mir einen Sprayer vorgestellt habe. Sauber und ordentlich gekleidet, nur seine Jacke war mit Farbe beschmiert.

" Was soll ich dazu sagen, für mich kommt das nicht in Frage, ich brauche keinen Kick. Aber sag mal, aus dem Getto da hinten kommst du doch bestimmt nicht, so wie du aussiehst. Und wenn ich mir überlege was die Farbe kostet. Billig wird doch so ein Bild wie dieses an der Wand bestimmt nicht sein. Verdienst du denn schon eigenes Geld?"

Der junge Mann schaute mich fragend an:" Ne, billig ist das nicht, da hast du recht, ist mir aber scheissegal. Meine Alten finanzieren das, ungewollt natürlich," dabei lachte er," die wissen nicht was ich mache. Die sind beide Ärzte und haben für mich keine Zeit. Die denken nur an ihre Karriere und ans Geld, an sonst nichts. Dann können sie mir auch die Farbe bezahlen. Aber für einen Penner hast du ganz schön merkwürdige Ansichten, das muss ich schon sagen."

Sollte ich mich jetzt zu erkennen geben? Würde er mir glauben? Wohl kaum.

" Junge, ich hatte auch ein Leben vor dem Jetzigen. Freiwillig bin ich das nicht, was du vor dir siehst. Da kommt man schneller hin, als man denkt, glaube mir. Aber das mit deinen Eltern tut mir schon leid.

Geld ist nun wirklich nicht alles, da gebe ich dir recht. Trotzdem, versuche lieber dein Leben in den Griff zu kriegen, damit du nicht so endest wie ich."

Irgendwie schien der Junge nachdenklich geworden zu sein. Er schaute auf den Boden und sah so aus, als würde er in sich gehen. Haben meine Worte ihn erreicht? Habe ich ihn dazu gebracht, das er sein Leben verändert und keine Wände mehr besprüht?

" Psst, sei mal leise. Hörst du auch , was ich höre? Da ist was im Anmarsch."

Von wegen er ist nachdenklich geworden, der ist nur am horchen.

Dann sah ich, was er meinte. Blaues Licht an der Wand der Halle! Es kam und verschwand, in schnellen Abständen. Es muss von einem Polizeiauto kommen!

Der junge Bursche muss gute Ohren haben, ich habe nichts davon mitbekommen.

" Komm, lass uns hier lieber verschwinden. Machen wir den Abgang."

Das er verschwinden will, kann ich ja gut verstehen. Aber ich hatte keine Lust dazu und sah auch keinen Grund.

" Lauf du man weg, ich bleibe hier, ich habe ja nichts getan. Ich werde dich schon nicht verpfeifen, versprochen."

Er stieß mir mit der flachen Hand vor die Brust:" Sag mal, hast du ein Rad ab. Mach die biege Alter, schwing die Keulen. So hohl kann doch keiner sein, wie du. Wenn die dich hier vorfinden, dann haben die dich am Arsch, glaub es mir. Die nehmen keine Rücksicht darauf, das du ein alter Sack bist, die nehmen dich auseinander. Los, komm schon, wir haben keine Zeit zum Labern."

Verdammt, der Junge wird recht haben, wie will ich ihnen die Situation erklären? Womöglich kriegen die mich noch wegen den Schmierereien an der Wand dran.

" Hier entlang, mach hinne."

Schnell lief er vor mir her. Da konnte ich nicht mithalten.

Ruckzuck war er über eine Mauer gesprungen. Das konnte ich früher auch, aber jetzt nicht mehr. Mühsam kraxelte ich da rüber und hatte die Angst im Nacken. Natürlich die Polizei im Nacken.

" Wo bleibst du denn, los hau rein Mann," schrie er mir von weitem zu. Ich hatte mal gelesen, das sie, bevor sie sprayen, die Gegend genau sondieren, falls sie flüchten müssen.

Hätte ich das doch auch nur gemacht, denn von dem Jungen Mann war nichts mehr zu sehen. Der muss wohl über die vielen Bahngleise gelaufen sein und ist hinter den Waggons verschwunden.

" Bleiben sie stehen Mann," hörte ich hinter mir einen Mann rufen.

" Polizei, sie sollen stehen bleiben," wurde er lauter. Ratsch machte es!

Ich bin mit der losen Sohle an einer Schiene hängen geblieben und kam ins strauchlen. Gerade so, konnte ich einen Sturz verhindern, aber die Sohle ist dabei abgerissen. Ich lief wie auf heissen Kohlen. Die Steine des Schotterbetts drückten sich in meinen Fuss hinein und auch der linke Fuss schmerzte trotz Sohle unter dem Schuh. Ich wagte es nicht mich nach meinen Verfolgern umzudrehen. Hinter einem der Waggons, sah ich den Jungen aus einem Loch in einem Zaun gucken.

Er winkte mir hastig zu. Ich wusste nicht, wie nah meine Verfolger schon waren, trotzdem lief ich zu ihm rüber. Er hielt für mich ein Brett des Zaunes hoch, damit ich schnell durch konnte.

Schwerfällig liess ich mich auf die Knie fallen. Aua, das war unbeholfen. Auf allen vieren krabbelte ich unter das offene Brett drunter her. Ich spürte einen Widerstand in der Rückengegend und hörte ein Ratsch. Der junge Mann half mir hoch und lief in eine alte Gartenlaube. Ich mobilisierte meine letzten Kräfte und folgte ihm.

An der Rückwand der Laube, schob er ein paar Bretter zur Seite und krabbelte dadurch. Ich musste wieder auf die Knie, um ihm durch den aufgeweichten Boden zu folgen.

Er saß in einer Hecke und hielt seinen Zeigefinger vor den Mund. Außer Puste setzte ich mich neben ihn. Der Junge schob die Bretter wieder zu und verriegelte sie.

Mir lief der Schweiss am ganzen Körper herunter. Mein Kreislauf war total aus dem Rhythmus.

Mit Schwindelgefühlen legte ich mich auf den Boden.

" Pssst," machte der junge Mann und hielt wieder den Zeigefinger vor seinen Mund.

" Der behinderte Mann ist durch das Loch im Zaun geklettert, das habe ich ganz genau gesehen. Mit seiner Behinderung kann der eigentlich nicht weit gekommen sein, zumal ich auch noch seine Sohle gefunden habe," hörten die beiden einen Polizisten reden.

Ich hatte Mühe, durch meine Luftknappheit, nicht aufzufallen.

" Hier drin kann ich ihn nicht ausmachen. Nichts zu sehen. Vielleicht ist er an der Seite wieder raus gelaufen? Hinter der Laube ist eine Hecke, da kann er nicht durch. Komm lass uns mal gucken."

Wir konnten noch hören, wie sie Bretter an die Seite schoben oder fallen ließen.

" Dann lass uns mal weiter suchen. Den müssen wir kriegen. Der ist doch behindert und wird bestimmt noch irgendwo auf dem Gelände herumirren."

Wir hörten wie die Polizisten sich entfernten und ich konnte wieder atmen.

Luft, nur Luft brauchte ich.

" Mensch Alter, du stinkst wie ein Pavian. Hast du Pumascheisse am Schuh? Freunde hast du doch bestimmt keine, oder?"

Wie sollte ich mich dagegen wehren? Er kann ja nicht wissen, das ich schon einmal bessere Zeiten hatte. Wo ich noch als Spiessbürger in einer Einfamilienhausgegend gewohnt habe und mir Samstagabend die Sportschau anschaute. Mit meiner Frau auf dem Sofa gelegen bin, mit einer Decke über den Körper und DSDS geschaut habe. Ein Bierchen auf dem Tisch und Knabbergebäck dazu. Heile

Welt eben. Man landet schneller als man denkt in der Gosse.
Und der Geruch an mir, ist das Parfüm der armen Leute.
" Ich hatte mal Freunde hier in der Stadt, ist noch gar nicht
so lange her. Aber ich will darüber nicht reden."
" Ist schon gut Alter, du bist schon in Ordnung, auch wenn
du stinkst wie eine ganze Horde Paviane.
Jetzt tu mir aber den Gefallen und verrate nicht dieses
Versteck. Das hat uns schon öfter vor den Bullen gerettet.
Wenn du willst, dann kannst du diese Nacht hier pennen,
aber nur diese Nacht. Sonst kriege ich ärger mit den
Kumpels. Ich werde mich mal vom Acker machen, sonst
drehen meine Alten am Rad. Ich wünsch dir noch was und
vielleicht sieht man sich ja mal. Hau rein."
Und schon war er durch die losen Bretter verschwunden. Ich
hatte mir nicht anmerken lassen, das ich Krämpfe in den
Beinen hatte. Ich musste der Rennerei Tribut zollen.
Mein Gott, es ist eine Ewigkeit her, das ich so viel gerannt
bin. Eigentlich noch nie.
Gebückt konnte ich in der Hecke stehen, so das ich die
Krämpfe wegbekam.
Ich wollte mich nur nicht zu früh aus der Deckung hervor
wagen. Denn schließlich suchte die Polizei mich und nicht
den jungen Sprayer.
Das gebückte stehen ging mir allmählich in den Rücken, das
war für mich das Signal, in die Laube zurück zu krabbeln.
Ängstlich schaute ich mich draußen um. Im Halbdunkel
wirkten die Lichter über den Gleisanlagen gespenstisch.
Eine schwarze Katze huschte über die Gleise zu den
Waggons.
Der Ruf eines Käuzchens passte zu der Atmosphäre. Hier
wollte ich mich nicht länger aufhalten. Mit grösster
Vorsicht, bewegte ich mich über die Schienenstränge. Aber
auch deshalb, weil mir die Füsse schmerzten. Ein Lokführer,
der an seiner Lok beschäftigt war, liess mich einen Umweg
laufen.
An einem alten Lager mit Rampe, konnte ich mich kurz
setzen. Hinter dem Lager war schon wieder die Strasse und

bevor ich es wage, die Strasse zu betreten, wollte ich mir vorher meine Schuhe anschauen.

Du meine Güte, das sah fürchterlich aus! Am rechten Schuh, wo die Sohle fehlte, löste sich auch allmählich die Socke auf. Der linke Schuh sah arg ramponiert aus. Ich zog ihn aus und inspizierte den Fuss. Um Gottes willen, wie sieht der denn aus? Blutverschmiert und wo der Nagel drin gesessen hat, eine dicke Beule. Schnell zog ich den Schuh wieder an. Man kennt das ja. Wenn man zu lange damit wartet, dann kriegt man ihn nachher gar nicht mehr an. Ganz barfuss wollte ich dann doch nicht laufen.

Eine Seite reichte mir da vollends.

Ich erinnerte mich an den letzten Urlaub auf Malle mit meiner Heidi.

Zweieinhalb Stunden waren wir vor Abflug am Terminal, inklusive Einchecken.

Zwei Stunden für den Flug haben wir gebraucht und eine Stunde bis zum Hotel. Und dann konnten wir den Urlaub geniessen. Das sind mal gerade fünfeinhalb Stunden gewesen und wie lange bin ich jetzt schon auf dem Weg nach Hause? Das kann nicht wahr sein!

Gut die Hälfte der Zeit und das in der Heimatstadt. Ich mache doch keine Weltreise, ich will doch nur nach Hause kommen. Deine Stadt, der unbekannte Planet.

Warum in die Ferne schweifen, wenn das Gute liegt so nah? Ha, ich habe die Schnauze voll! Ich möchte wieder ein Mensch sein und kein Pavian!

Humpelnd lief ich die lange Strasse entlang und der Abendverkehr zog an mir vorbei.

Es war wenigstens ein lauer Abend. Meine zerrissene Jacke habe ich in einer Mülltonne entsorgt, man weiss ja was sich gehört.

Die Strasse schien kein Ende zu nehmen und jeder Schritt fügte meinen Füssen schmerzen zu.

Um die gebogenen Laternen, schwirrten die Motten umher. Irgendwie kam mir die Brücke, auf die ich zuging, bekannt vor. Hier bin ich doch schon einmal rüber gefahren?

Ja klar, schon öfter. Mein Gott, endlich mal etwas vertrautes. Ein Bild, was mir Mut macht.

Das ist so für mich, als würde man eine Postkarte vom besten Freund aus seinem Urlaub kriegen und das Gebäude auf der Karte kennt man, weil man schon einmal da war.

Ich versuchte nachzuvollziehen, wo die Strasse herkommt und wo sie hinführt.

Verdammt noch einmal, ich kann mich nicht daran erinnern.

Ich wurde aus meiner Überlegung heraus geholt, durch eine Person die auf dem Geländer der Brücke stand. Die Person will doch nicht da runterspringen?!

Schnell, wollte ich eigentlich sein, aber meine Füsse haben das verhindert. Trotzdem kam ich noch rechtzeitig bei der Person an. Es war ein junger Mann, der starr hinunter schaute.

Was sagt man in solchen Situationen? Wie verhält man sich?

" Äh, was machst du da?" Na ja, ob das jetzt richtig war?

" Du willst doch hier nicht runterspringen?" Kann ich denn nur doofe Fragen stellen?

Wahrscheinlich hat der viele Gestank heute, mir das Gehirn vernebelt.

Er schaute mich nicht an. Der Verkehr ging unvermindert hinter uns weiter.

" Mach doch keinen Blödsinn, das Leben geht doch weiter mein Junge. Das ist doch viel zu schade, es so einfach wegzuwerfen. Denk mal an deine Eltern. Meinst du, das die so eine Lösung von dir gewollt haben , als sie dich auf die Welt brachten. Auch wenn du jetzt denkst, es gibt keinen Ausweg mehr, glaube es mir, es werden sich für dich neue Chancen ergeben. Tu es nicht!"

Plötzlich kam auch wieder Leben in den Jungen.

" Seid ihr fertig," rief er nach unten?

Was ist los? Wieso?

" Hier steht so ein Penner rum und sülzt mich voll. Ok, dann komme ich jetzt. Jippie!"

Jetzt versteh ich gar nichts mehr. Plötzlich springt der Junge Mann runter. Halb mit Entsetzen, aber auch verdattert lief ich zum Geländer vor. Unten sah ich noch, wie der Junge auf einer am Boden liegende Matratze gelandet ist.

Vielleicht drei Meter unter uns. Daneben standen einige andere junge Leute und lachten mit ihm vor Freude.

Irgendwie wurde mir schlecht.

Vielleicht war das doch nicht die Brücke die ich kannte. Ich meinte, da würde ein Fluss drunter her fliessen. Davon war hier nichts zu sehen.

Ich zog es vor, mich zu entfernen, sonst ernte ich womöglich noch mehr Spott.

Waren all meine Erfahrungen, die ich im Laufe meines Lebens gemacht habe, hier draußen nichts wert?

Aua, meine Füsse. Auf die Erfahrung hätte ich gerne verzichten können.

Wenigstens sind nicht so viele Menschen unterwegs um diese Tageszeit. Fast nur Autos und ein Zug fährt hell erleuchtet an mir vorbei. Ja, der sollte mich eigentlich nach Hause bringen.

Warte mal! Warum kann er das nicht immer noch!

Ich gehe zum nächsten Bahnhof, setze mich in einen Zug und fahre ganz einfach nach Hause.

Wann bin ich schon einmal kontrolliert worden. So gut wie nie.

Gut, ich fahre nicht so häufig mit dem Zug, aber wenn, war da nie einer zum Kontrollieren.

Das ist doch der Einfall. So mach ich das.

Wenn man im Zug sitzt, hält der alle Nasen lang und wenn man einen Bahnhof sucht, dann findet man keinen. Ich habe mir jetzt die Beine bestimmt schon einen halben Meter abgelaufen und von einem Bahnhof ist nichts zu sehen. Ich kann nicht mehr. Ich nehme schon die Arme zur Hilfe, um die Beine überhaupt noch nach vorne zu kriegen. Die Hände fassen an die Hosennaht und heben die Beine an. Das ist ganz schön schwierig mit den Taschen in der Hand. Selbst eine Schnecke ist da schneller als ich.

Durst und Hunger plagen mich. Ich würde ja gerne unter den rechten Fuss schauen, was die Socke macht, aber ich kriege das Bein nicht mehr hoch.

Ein Pärchen kam mir entgegen und ich hatte keine Hemmungen sie anzusprechen." Entschuldigung, wo geht es hier zum Bahnhof," lallte ich sie an. Um Gottes willen, was ist passiert?

Der Mann drehte seinen Kopf zur Seite und lief weiter. Die junge Frau blieb stehen und zeigte mir die Richtung:" Da müssen sie hin, da ist der Bahnhof."

" Danke." Das kam mir schwer über die Lippen. Hörte sich für mich fast wie Chinesisch an.

Ich habe meine Zunge nicht mehr unter Kontrolle. Mein Sprachzentrum ist lahm gelegt.

" La la, mi mi, rrrrrrrr, aaaaaaa, oooooooooo," ich versuchte meine Sprache wieder zu finden.

" Guck dir die Vogelscheuche an! Der versucht doch glatt zu singen. Der Paul Potts für arme. Sehe ich so aus wie der Bohlen? Ey, dich werde ich ganz bestimmt nicht entdecken. Vielleicht solltest du es mal bei Gottschalk versuchen. Wetten das ich den ganzen Saal leer kriege? Ha ha ha."

Die hatte ich nicht gesehen, die jungen Männer und jetzt machen die sich über mich lustig.

Wer den Schaden hat, spottet jeder Beschreibung.

Ihr schallendes Gelächter klang mir noch lange in den Ohren. Klar, der Bahnhof war in der Nähe, deswegen liefen hier auch wieder mehr Menschen rum.

Endlich konnte ich den Bahnhof dann auch sehen. Bevor ich ihn erreicht habe, fuhr auch schon der erste Zug in meine Richtung ab. Habe ich was anderes erwartet?

Vor dem Bahnhof hielten sich junge Leute auf und auf einer Bank sassen drei Penner. Oder?

Das kann doch nicht sein. Das waren die drei Musketiere! Wie kommen die denn hierhin?

Ich bin doch vor ihnen aus der Industriewüste gegangen und jetzt sitzen sie hier?

Versteh einer die Welt. Die verfolgen mich. Vielleicht wollen die mich anwerben, als vierten Musketier?

Wahrscheinlich würden die mich gar nicht in ihrer

Elitetruppe haben wollen.

Nur die besten sind gerade gut genug für sie. Mir fällt auf, das sie es mit Banken zu tun haben.

Bankangestellte, ja richtig, das sind Bankangestellte.

Kommt mein Humor zurück?

Den habe ich auch dringenst nötig.

" Hey du, willst du hier die Flaschen aus den Mülleimern holen? Das vergess man, das ist unser Revier hier. Lass dich dabei nicht von uns erwischen. Seh zu, das du Land gewinnst."

Müffi spielte sich mal wieder auf und fuchtelte wie immer, mit einer Flasche in der Hand herum.

" Hallo die vornehmen Herren, seit ihr nicht die drei Musketiere? Schön euch zu sehen."

Ich konnte ihren Anblick nicht mehr ertragen, das führte zu solchen Äusserungen von mir.

Sie schauten sich erstaunt an und runzelten ihre Stirn.

" Ja richtig," meldete sich der Kleine zu Wort," woher weisst du das? Sind wir uns schon einmal begegnet oder eilt uns unser Ruf voraus?"

" So wohl als auch die Herren, euer Ruf ist legendär." Was rede ich für ein dummes Zeug.

Aber die Dummheit der Drei ist schon eklatant.

Unerträglich. Die haben das letzte bisschen Verstand was sie noch hatten, auch noch versoffen. Aber, lebt es sich nicht so einfacher?

Frei von allen Sorgen? Heute die drei Musketiere, morgen amerikanische Präsidenten, übermorgen Bill Gates. Nicht täglich ins Büro hasten, sich mit dem Chef und den Kollegen herumärgern, die haben doch alle Möglichkeiten. Sollte ich mir vielleicht auch überlegen, in ihre Welt einzutauchen.

Ne, wenn ich mir das ausrechne, was das kostet, um da hinzukommen. Ein Vermögen kostet mich das.

" Willst du dich nicht zu uns setzen? Hier auf der Kannte geht das noch."

Der Kleine scheint der freundlichste von ihnen zu sein.

Irgendwie tat er mir schon fast wieder leid.

" Da muss ich dankend ablehnen. Ich würde ja gerne noch eure Gastfreundschaft geniessen, aber ich muss wieder meiner Wege ziehen."
" Verpiss dich doch du Sack," kam es noch freundlich von Müffi rüber. Er weiss eben wie man neue Freunde gewinnt, mit seinen guten Umgangsformen.
Da ist benehmen nicht nur Glücksache. Ich ziehe mich ins Bahnhofsgebäude zurück, was nicht auf ungeteilte Freude stösst. Jedenfalls bekomme ich gleich einen freien Sitzplatz in der Vorhalle.
Keiner wollte die Bank mit mir teilen, versteh ich gar nicht.
Der Süsswarenautomat hatte eine magische Ausstrahlung auf mich. Sonst beachte ich den gar nicht. Aber man schaut ja zu allem neidisch hin, was man sich nicht leisten kann.
Wenn ich da an meine Nachbarschaft denke. Kaufen sich die Müllers ein neues Auto, dann müssen die Meiers nachziehen. Nur das dann das neue Auto " natürlich" größer ausfällt. Man kann es ja zeigen, man hat es ja.
Das hat natürlich zur Folge, das der Rest der Nachbarschaft sich auch nicht lumpen lässt. Manchmal frage ich mich, ob der Erste, also der Müller, das Auto vom Autohaus gesponsert bekommt, die kennen ja die Kettenreaktion.
Sicherheitshalber, wo ich gerade an meine überaus freundlichen Nachbarn denke, werfe ich einen Blick in die überschaubare Vorhalle des Bahnhofes. Von denen war Gott sei Dank keiner zu sehen. Ich wäre doch sonst bei ihnen unten durch, wenn die mich so sehen würden.
Man ist ja bemüht, seinen vielleicht guten Ruf nicht zu ruinieren.
Wenn ich die Blicke der Leute in dieser Halle sehe, wie sie mich aburteilen und mir die Pest an den Hals wünschen, muss ich sagen, ist mir das im Augenblick scheißegal.
Hoppla, da kommen zwei Bundespolizisten in die Halle und steuern direkt auf mich zu.
Bestimmt haben sich einige Leute über mich beschwert.

" Würden sie bitte den Bahnhof verlassen," sprach mich einer von ihnen an.

" Warum," fragte ich," ich will mit dem Zug nach Hause fahren. Ist das verboten?"

Ich blieb höflich, schließlich weiss man was sich gehört.

" Haben sie eine Fahrkarte? Wenn ja, dann möchte ich die sehen."

Oh oh, jetzt haben die mich. Jetzt ist guter Rat teuer.

" Nein, eine Fahrkarte habe ich nicht, die hat meine Frau in ihrer Tasche und die wird zu Hause sein, wo sie mich erwartet. Dann ist mir auch noch meine Geldbörse gestohlen worden. Da war alles drin. Bargeld, so ungefähr Einhundertachtzig Euro, Checkkarte und Personalausweiss. Ich bin total aufgeschmissen."

" Schöner Versuch Mann. Ehrlich, ich habe ja schon vieles gehört seitdem ich bei der Polizei bin, aber das ist mal etwas neues."

Die beiden Polizisten mussten herzhaft lachen.

" Kein schlechter Tag heute," sagte der andere Polizist," erst haben wir es mit den drei Musketieren zu tun und jetzt auch noch mit einem Komiker. Ich lache mir einen Ast."

" Na kommen sie, stehen sie auf und verlassen sie das Gebäude."

Was sollte ich machen, so kurz vor meinem Ziel?

Widerstand leisten und dann eventuell eingesperrt werden.

Ne, dann geh ich lieber hinaus.

Draussen haben sie mir dann noch verboten, wieder in das Gebäude zu gehen.

Lachend gingen sie zu ihrem Auto und fuhren von dannen.

Von den drei Musketieren war auch nichts mehr zu sehen, die Bank war leer.

Schade, ich hatte mich so an ihren Anblick gewöhnt.

Die bessere Gesellschaft war in der Halle wieder unter sich und der Abschaum der Menschheit wieder in der Gosse.

Mist, ich will nach Hause!

Jetzt wurde es auch langsam kühl hier draußen und ich hatte

keine Jacke mehr. Jacke!

Was wohl meine Frau macht? Ich muss nach Hause!

Ich schaute mir das Bahnhofsgebäude an, vielleicht gibt es doch noch eine Möglichkeit mit dem Zug hier wegzukommen. Nur durch den Haupteingang, an den Seiten war das Gebäude eingezäunt.

" Hey Alter, was machst du denn hier? Willst du verreisen?"

Der junge Mann, der Spayer! Welch eine Überraschung. Aha, mit einem Mädchen ist er unterwegs.

" Ob du es glaubst oder auch nicht, ich will nach Hause. Einfach nur noch nach Hause."

" Mann, wo wohnst du denn," wollte er von mir wissen. Erstaunlich, glaubt er mir tatsächlich, das ich irgendwo untergebracht bin? Geschehen noch Zeichen und Wunder? Ich erzählte ihm von meiner Geschichte und er und seine Freundin hörten aufmerksam zu. War das eine Wohltat, endlich mal wieder als Mitglied der Gesellschaft angesehen zu werden.

" Wow Alter, das ist ja voll krass. Irgendwie bist du mir auch anders vorgekommen, als die Tippelbrüder die ich kenne. Die sind doch meistens Stramm wie eine Natter. Komm mal mit, ich zeig dir einen Weg, wie du auf den Bahnsteig kommst."

Natürlich durch eine Hecke. Damit kennt er sich aus, mit Hecken. Aber so konnte ich tatsächlich auf den Bahnsteig kommen.

" Danke mein Freund. Ich wünsche dir und deiner Freundin alles Gute."

" Nicht dafür Alter. Komm gut nach Hause und vielleicht sieht man sich ja mal. Hau rein."

Die Hecke war kein Hindernis, schließlich konnte ich mir ja die Kleidung nicht ruinieren.

Ich blieb solange in meinem Versteck, bis ich hörte, das der Zug sich näherte.

Es war auch ganz schön anstrengend in der gehockten Haltung zu warten.

Als die S Bahn stand, lief ich zum letzten Waggon und stieg

ein. Das war für mich so, als würde ich durch ein Tor in eine andere Welt gehen. Zwar alles vertraut, aber doch alles neu. Wieder zog ich alle Blicke auf mich, ätzend. Eine junge Mutter nahm ihr Kind auf den Arm und verliess das Abteil. Ich, der Aussätzige. Das Monster. Genau, das ich schon in der Stadt im Schaufenster gesehen habe. War das eine Vorsehung? Eine Ahnung?

Der Zug setzte sich, zu meiner Freude, in Bewegung. Es geht vorwärts, was will ich mehr?

Von einem Zugbegleiter, kann ich weit und breit nichts sehen.

Es geht nach Hause! Ich setzte mich auf den letzten Platz im Zug. Das Summen der Fahrmotoren, war Musik für mich. Es klang so lieblich, so entzückend, ach ich weiss nicht. Himmlisch einfach.

" Da, der da!"

Die junge Mutter hat mich beim Schaffner verpfiffen. Geradewegs kam der mit langen Schritten auf mich zu und die Mutter zeigte auf mich.

Es soll einfach nicht sein, das ich nach Hause komme. Ich tu doch keinem was. Noch nicht, denn allmählich spüre ich Wut aufkommen.

" Wenn sie eine Fahrkarte haben, dann Fresse ich einen Besen."

Was ist das für eine Begrüssung? Allerdings würde es ihm nicht schaden, wenn er Besen essen würde, die haben nicht so viel Kalorien. Wenn er das auf seinen Speiseplan mit aufnehmen würde, dann könnte er auch das Pilsgeschwür wegbekommen.

" Sind sie Hellseher? Habe ich auch nicht, aber ich kann ihnen das auch erklären," versuchte ich ihn gleich zu beschwichtigen.

" Sie brauchen mir das nur erklären, wenn sie was neues auf der Pfanne haben. Ansonsten können sie sich das Sparen und Hellseher brauch ich bei ihnen nicht zu sein." Er blieb ganz ruhig.

" Keine Ahnung, was wollen sie dann hören?" Ich glaube,

das kam nicht so gut bei ihm an. Das gutmütige aus seinem Gesicht entfernte sich gerade.

" Keine Fahrkarte haben, aber hier einen auf Komiker machen, das mag ich."

Schitt, das war doch wohl ein wenig zu forsch von mir. Ob ich das wieder gut machen kann?

Vielleicht mit einem Lächeln wie ein Honigkuchenpferd? Schien auch nicht zu wirken.

" Dann möchte ich einmal ihren Personalausweiss sehen," sagte er ziemlich streng und hielt mir seine Hand vor die Nase.

" Ehrlich gesagt, den möchte ich auch gerne sehen, dann hätte ich auch meine Brieftasche bei mir."

Sah ich röte in seinem Kopf aufsteigen? Hoffentlich deswegen, weil er sich vor lachen nicht mehr halten kann.

" Sagen sie mal, hat heute der Zirkus Ausgang? Sie sind innerhalb von ein paar Minuten schon der zweite Clown. So viel Witz, ist unerträglich Mann."

Der nimmt seinen Beruf aber ernst. Na ja, er kann eben nicht über seinen Schatten springen.

Die restlichen Passagiere schon, die schauten amüsiert zu.

" Na gut, dann werden wir die übliche Prozedur durchziehen müssen. Aber sie kennen das ja schon. Polizeiliche Feststellung der Person, dann eine vierzig Euro Strafe und der Fahrpreis. Wohin wollen sie denn, damit ich das schon einmal festhalten kann."

Ich nannte ihm mein Ziel und er fing an zu schreiben. Er schmeisst mich nicht aus dem Zug, das ist doch schon mal etwas. Der Zug hält wieder. Leute steigen ein und aus und ich sitz noch drin.

Und weiter geht es, halleluja.

" Sie bleiben hier sitzen," befahl er mir in einem forschen Ton. Den Gefallen tat ich ihm gern.

Hier ist es doch warm und trocken.

Der Zug verlangsamte seine Geschwindigkeit wieder, um an den nächsten Haltepunkt heranzufahren.

Doch als zwei Polizisten einstiegen, wusste ich gleich,

Endstation.

Nur einer der beiden kam zu mir gelaufen, der andere unterhielt sich mit dem Zugbegleiter.

" Wen haben wir denn da? Wir haben ihnen doch Bahnhofsverbot ausgesprochen und trotzdem sitzen sie hier im Zug. Na, dann kommen sie mal mit."

Nein, nicht wieder die Polizisten von vorhin im Bahnhof. Auch der andere kam zurück und wen hatte er am Arm? Müffi! Ich glaube es nicht!

" Hier ist der zweite Clown. Dann wollen wir mal auf die Wache. Auf geht's."

Wir mussten in das Polizeiauto steigen und sie werden es nicht glauben, ich saß mal wieder neben Müffi. Der drückte mich mit seiner Masse an die feuchte Scheibe des Wagens und sonderte einen abscheulichen Geruch aus. So eine Mischung aus Alkohol und Zigarettenqualm.

Und der andere Gestank, kam von mir. Werde ich den Kerl denn niemals los?

Der wird mich bestimmt auch noch bis in den Schlaf verfolgen. Ich werde seinetwegen Albträume bekommen. Gottlob fuhren sie nicht so weit. Doch die Aussteigeprozedur von Müffi kannte ich schon.

Es dauerte eine halbe Ewigkeit, bis der seine Beine in Bewegung gebracht hat. Die Polizisten führten uns in die Wache hinein. Drinnen war es spartanisch eingerichtet, aber warm. Müffi und ich mussten uns an Schreibtische setzen, die nebeneinander standen. Dann waren sie darum bemüht, unsere Personalien festzustellen.

Müffi wurde gefragt, wo er wohnt und wie er heisst. Der hat das gar nicht registriert. Der Alkoholpegel machte ihn nicht aufnahmefähig. Kann aber auch sein Gehirn für zuständig sein.

Da Mein Polizist gerade eine geistige Auszeit nahm, schaute ich rüber zu dem Verhör von Müffi.

" Hallo, wie heissen sie," wollte der Polizist von Müffi wissen?

So wie ich das sehe, wüsste er das selber gerne. Er schaute

den Polizisten fragend an, legte seinen Kopf in den Nacken, blinzelte mit den Augen und schaute dann unter die Decke. Wenn ich es nicht anders wüsste, würde ich glauben, der denkt.

Auf den Polizisten wird er vielleicht den Eindruck gemacht haben, denn der wartete geduldig auf eine Antwort von ihm.

" Sie müssen doch wissen wie sie heissen," allmählich liess die Geduld des Polizisten nach.

Ich mischte mich ein:" Müffi von den drei Musketieren ist das, Herr Kommissar."

Der Polizist schaute mich böse an und die Gesichtszüge von Müffi klarten auf. Er nickte ganz leicht mir seinen Kopf und lächelte. Sein gegenüber registrierte das mit einem Stirnrunzeln.

" Ja," sagte Müffi, das bin ich," Müffi von den drei Musketieren. Ganz genau."

" Kennen sie den," fragte mich daraufhin der Polizist?

" Nein, das nicht gerade, aber ich bin ihm so einige Male begegnet. Das Schicksal hat es so gewollt."

"Also können sie keine Angaben zu seiner Person machen," fragte mich der Polizist?

Ich schüttelte den Kopf.

Der Kollege mischte sich ein:" Es wird besser sein, wenn wir ihn in die Ausnüchterungszelle sperren. Das hat so keinen Sinn. Morgen werden wir bestimmt mehr aus dem rauskriegen."

" Du hast recht, dann helf mir mal, den Brocken in die Zelle zu kriegen."

Adieu mein Wegbegleiter und Kämpfer für die Gerechtigkeit. Vielleicht sehen wir uns bald wieder, dann als Michael Schumacher oder als Brad Pitt. Oder wir sehen uns in ein paar Jahren wieder, wenn ich eine neue Jacke kaufen will. Oder muss!

Schade, so eine schicke Jacke, so eine wie du sie trägst, hätte ich auch haben können. Zu spät, es gab sie ja nicht in meiner Grösse. Sonst wäre es mir eine Ehre gewesen, die gleiche Jacke tragen zu dürfen, wie mein berühmter Freund.

Sicher hätte ich nicht so viele Auszeichnungen auf der Brust, wie sie auf deiner Jacke zu sehen sind, aber ich bin da auch bescheidener und eben auch nicht so ruhmreich wie du.

Für hoffentlich kurze Zeit, habe ich in sein Leben reinblicken müssen. Ja müssen. Ich möchte nicht mit ihm tauschen und wünschte mir das mein Leben zurück. Ich kenne ihn nicht, wünsche ihm aber alles Gute für seine Zukunft.
Die beiden Polizisten kamen ohne ihn wieder zurück und setzten sich zu mir.
" Dann wollen wir zu ihnen kommen. Ihre Adresse und ihren Namen haben sie uns ja schon genannt, aber irgendwie scheint das doch sehr unglaubwürdig für uns. Wollen sie uns nicht die Wahrheit sagen?"
Sollte ich jetzt resignieren? Ich konnte sie ja verstehen, schließlich bin ich an so einigen Spiegeln vorbei gekommen, im Laufe der Zeit. Das öffnet einem die Augen.
" Sie sind nicht alkoholisiert, reden nur wenig dummes Zeug. Solche Leute gibt es bei den Pennern zwar sehr selten, aber es gibt sie halt. Wenn wir all denen ihre Geschichten immer glauben wollen, dann haben wir viel zu tun, das können sie uns glauben. Wie wir das so sehen, ist von ihnen nichts zu holen.
Wir lassen sie jetzt wieder laufen, sie müssen uns aber versprechen, sich nicht in der Nähe von Bahnhöfen aufzuhalten."
Ich glaube es nicht. Ich bin ein Bürger dieser Stadt, habe mir nichts zu Schulden kommen lassen und man glaubt mir nicht. Daraus werde ich Lehre ziehen. In Zukunft nehme ich immer einen Rucksack mit, in dem ich Kleidung von mir habe. Damit ich so etwas nicht noch einmal erlebe.
Ich zog es vor, meinen Mund zu halten. Womöglich werde ich sonst noch Zellennachbar von Müffi. Lieber setze ich meinen Heimweg zu Fuss nach Hause fort.

Auf der Wache haben sich meine Beine etwas erholen können. Nur die Füsse nicht wirklich. Das merkte ich sofort, als ich draußen die ersten Schritte auf den Asphalt machte. Es ist noch kälter geworden. Das Polizeiauto vor der Wache, hätte mich nach Hause bringen können, doch anstatt ich, sitzt darin nur der Gestank von Müffi und mir.

Die Polizisten haben mich nicht weiter gebracht, eher wieder ein Stück zurück von meinem zu Hause. Das ist wie ein Schritt vorwärts, zwei Schritte zurück, vier Schritte vorwärts, zwei zurück.

Ich schaute auf meine Armbanduhr. Meine Frau wird sich bestimmt Sorgen um mich machen.

Hoffe ich wenigstens. Vielleicht sitzt sie aber auch entspannt vor der Glotze und ruht sich von den Strapazen des anstrengenden Einkaufsbummel aus?

Oder bereitet den Besuch von Brigitte und Klaus vor? Oder telefoniert wieder stundenlang?

Ein Mann mit einem Hund kommt mir entgegen. Der Hund läuft frei herum, ohne Leine.

Was ich befürchtet habe, trifft auch ein. Knurrend kommt der auf mich zu gelaufen.

" Halten sie ihren Hund fest," ruf ich dem Besitzer zu! Der schaute woanders hin, als hätte er nichts gehört. Und schon schnappte der Hund zu und verbiss sich in meiner Hose. Er zerrte wie wild, so das ich mein Bein nicht auf dem Boden halten konnte.

" Hallo, rufen sie ihren Hund zurück," schrie ich ängstlich, bisher war es auch nur die Hose, die er in seiner Schnauze hatte! So allmählich bequemte sich der Hundebesitzer einzuschreiten.

Mit einem zaghaften Pfiff. Da würde nicht mal ich bei meiner Frau drauf reagieren, geschweige denn, der Hund.

" Ich rufe die Polizei," drohte ich ihm. Langsam kam er näher, packte den Hund am Kragen und zog ihn von mir weg.

" Boh, der arme Hund. Wenn ich gewusst hätte, was der erleiden muss, dann wäre es erst gar nicht dazu gekommen.

Komm Hasso, schnell nach Hause, ich wasch dir dein Maul aus. So darfst du mich auf keinen Fall mehr lecken." Er sagte es und verschwand, ohne jeden weiteren Kommentar. Jedenfalls liess er mich am Strassenrand sprachlos zurück.

Ruinieren konnte die Töle meine Hose ja nicht mehr, nur noch schöner machen.

Die Fransen gefielen mir. Chic. Nur die Hundesabber war ein wenig unangenehm.

Beeinträchtigte aber nicht meinen stolzen Gang. Zumindest, was davon übrig geblieben ist.

Eigentlich gar nichts. Treten sie mal ständig auf Steinchen oder andere Gegenstände, das schmerzt.

Vor allem, wenn unter einem Schuh die Sohle fehlt. Ich wollte ja nur einmal daran erinnern.

Der Bahnhof, wo mich die Polizisten aus dem Zug geholt haben, da ist er wieder.

Zwei Stationen hat mich der Zug näher an mein Zuhause gebracht. Wenigstens etwas, man ist ja schon sehr bescheiden geworden.

Es juckte mich schon, wieder in einen Zug zu steigen, um zu gucken ob es weiter geht. Aber, da ich das Glück gepachtet habe, muss ich davon ausgehen, doch noch in einer Zelle mit Müffi zu landen.

Neue Kollegen von mir, die am Bahnhof rumlungerten, winkten mich zu ihnen.

" Haste mal nen Schnaps für uns," wollten sie von mir wissen?

Auch eine neue Erfahrung. Das Sprachvokabular der neu gewonnenen Freunde war doch sehr beschränkt. Ich fragte mich, wie eine normale Unterhaltung bei ihnen aussieht?

Aber wahrscheinlich fand die auf einem hochprozentigem Niveau statt.

Und noch eine Feststellung konnte ich in dem Zusammenhang machen, ein nein, hörte man in so einem Fall nicht gerne.

" Jungs, ich habe keine Kohle," verstanden sie zwar sehr gut, kündigten einem aber sofort die Freundschaft. Wollten sie es doch nicht mit einem Problemfall zu tun haben, wo sie doch selber welche waren.

Und als ich auch noch im weitergehen von einem der Rumhängenden hörte:" Jetzt wird es aber knapp, ich habe nicht einmal heute morgen einen Tropfen gefrühstückt," da fiel mir die Kinnlade herunter.

Als ich weiterging, riefen sie mir noch die übliche Verabschiedung hinterher:" Verpiss dich und lass dich hier nicht mehr blicken."

Na super, das sind Erfahrungen, auf die ich nicht mehr verzichten möchte. Sie fangen an, mein neues Leben zu prägen. Ach, was war ich doch bisher für ein Spiesser.

Wenn ich so recht überlege, könnte ich mir doch ein Pseudonym zulegen. Odysseus oder?

Nach dem was ich bisher alles erlebt habe und wer weiss, was noch so alles auf mich zukommt.

Jedenfalls kann ich Parallelen mit dem Helden der griechischen Sage feststellen.

Blaulicht holte mich aus meinen Träumen zurück in die Gegenwart.

Nicht schon wieder die Polizei! Ich versteck mich lieber mal, um eine Häuserecke.

In einem Eingang eines Hauses, drückte ich mich ganz fest an die Tür. Womöglich bekomme ich noch zu guten Kontakt mit dem Freund und Helfer.

Nicht auszudenken. Das Blaulicht entfernte sich wieder und zu meiner Überraschung, wurde die Tür hinter mir aufgemacht. Ein dicklicher älterer Herr mit Halbglatze, stand im Türrahmen und schaute mich verwundert an. Er musterte mich von oben bis unten. Ich wollte mich gerade bei ihm entschuldigen, weil ich in seiner Tür stand, da drehte er seinen Kopf nach hinten und rief ins Haus:" Elfriede, ich glaube dein Bruder Richard hat bei uns geklingelt. Komm mal!"

Hä, was ist los? Im Flur ging das Licht an und eine kleine grauhaarige Frau mit schmuddeliger Schürze um den runden Bauch, kam zur Tür gelaufen. Von weitem kniff sie schon die Augen zusammen und versuchte über ihre Brille mich zu erkennen. Beinahe hätte sie noch einen ihrer Filzpantoffel verloren, so angestrengt schaute sie. Dann schauten die beiden Wortlos an mir auf und ab.

Sie ließen mich gar nicht zu Wort kommen, so kritisch wie sie mich musterten.

" Richard, bis du das," fragte sie nach einer Weile?

" Komm erstmal rein, wir müssen doch nicht so lange an der Tür rum stehen," sagte der Mann und schaute nach allen Seiten. Kann ich gut verstehen, wenn man so einen Schwager hat. Er packte mich am Arm und zog mich rein. Sie ging vor in ihre Wohnstube. Sehr gemütlich, Gelsenkirchener Barock.

Eiche Rustikal P 43, hatten wir auch schon einmal.

" Elfriede, koch uns doch einen Kaffee und mach für Richard ein paar Butterbrote."

Ohne Widerworte ging sie in die Küche, um den Worten Taten folgen zu lassen. Das kenn ich von zu Hause gar nicht. Da heisst es dann immer:" Wenn du Kaffee willst, dann musst du dir welchen kochen."

" Das du uns mal besuchen kommst, da hätte ich im Leben nicht mit gerechnet. Wie geht es zu Hause?

Was frage ich, gut ist doch klar." Das ist aber schön, er gibt sich auch gleich die Antworten.

Nun Steht der Mann auf und kramt im Wohnzimmerschrank herum. Fotoalben holt er raus?

Wieder am Tisch, klappt er ein Album auf.

" Guck mal hier, ein Foto von eurer ganzen Familie. Da war ich noch nicht mit Elfriede zusammen.

Dein Alter hat ja früh den Löffel abgegeben und du bist nicht zur Beerdigung gekommen. Ich habe dich ja damals schon verstanden Richard."

Wenn ich nur wüsste was der meint? Zum Reden und zum Denken kam ich erst gar nicht. Sie brachte Kaffee und Brote und setzte sich zu uns.

" Du wirst besseres gewohnt sein, aber es kommt von Herzen. Guten Appetit."

Sie warteten darauf, das ich esse und trinke. Ich tat ihnen den Gefallen.

Die Frau zeigte auf ein Bild im Album:" Du warst schon immer der hübscheste von uns."

Mir wäre beinahe der Kaffee aus dem Gesicht gefallen. Zum Ersten, hatte ich mit dem jungen Mann auf dem Foto überhaupt keine Ähnlichkeit, der war Blond und ich bin Braunhaarig und zum Zweiten, ich hatte gedacht, ich sehe abscheulich aus. Ausserdem muss der um einiges älter sein als ich. Gut, im Augenblick bin ich nicht im besten Zustand, aber ein wenig geknickt bin ich schon.

" Du bist ja auch der einzigste von unserer Familie, aus dem etwas geworden ist."

Wie bitte? Und dann laufe ich so rum? Wenn der Beste von ihnen Penner geworden ist, was sind dann die anderen? Unvorstellbar!

" Bist du noch immer Oberarzt an der Uni Klinik und wohnst auf dem Millionenberg?"

Ich glaub ich steh im Walde. Wie sehen denn die Oberärzte an Uni Kliniken aus? Ist es schon so weit gekommen? Es wird Zeit, das ich mich verabschiede, sonst breche ich noch zusammen.

Langsam stehe ich auf und sie nickten verständnisvoll.

" Du musst sicherlich noch in die Klinik, nach deinen Patienten schauen. Na wenigstens hast du etwas gegessen und getrunken."

Freundlich begleiteten sie mich zur Haustür:" Das war mal eine Überraschung, da haben wir nie im Leben mit gerechnet, das du uns einmal besuchst. Warte aber nicht zu lange mit dem nächsten Mal und bring dann auch Eleonore mit. Grüsse alle von uns."

Sie zog mich herunter und drückte mir einen Kuss auf die Wange. Ich wusste nicht was ich sagen sollte, wie die ganze Zeit vorher. Sie hatte eine Träne im Auge und ich musste schlucken.

Vielleicht war es auch nur der impertinente Gestank von mir, der ihre Augen feucht werden liess.

Sie stutzte, ich dachte schon, ich wäre aufgeflogen, das war es aber nicht.

Irgendwas hat sie mir beim Kuss auf meiner Wange in den Mund bekommen. Denn sie streckte ihre Zunge heraus und nahm etwas, es sah fast so aus wie Dill, mit zwei Fingern von der Zunge herunter.

Mit kritischem Blick, drehte sie es zwischen ihren Fingern. Während der Mann mir leicht in die Seite boxte und mir ein Auge zukniff.

Ich lächelte verlegen, sehr verlegen und nickte:" Tschüss und danke für alles."

Dann humpelte ich von dannen. Lange standen sie noch an der Tür und winkten mir hinterher und ich wünschte mir nur, schneller zu sein.

Endlich aus dem Sichtfeld der netten Leute. Einfach waren sie, aber sehr freundlich.

Was hatte sie nur für einen Arsch von Bruder?

Schon wieder Blaulicht! Was ist den hier los?

Ne, diesmal verstecke ich mich nicht. Ich habe ja nichts verbrochen.

Schnell fahren sie an mir vorbei, bleiben an der Kreuzung stehen und kommen zurück.

Habe ich doch was ausgefressen? Das Polizeiauto hielt tatsächlich neben mir.

Hätte ich mir ja denken können, wieder die Beiden. Wer sonst hat es auf mich abgesehen.

Die Beifahrertür wurde aufgerissen:" Warten sie! Wir suchen sie schon die ganze Zeit. Sie waren gerade aus unserer Wache gegangen und schon waren sie auch schon weg."

Wie jetzt, reden die von mir? Ich soll schnell weg gewesen sein? Anscheinend verwechseln die mich mit Armin Harry oder wie der Typ heisst?

" Ihre Frau sucht sie schon überall. Wir haben eine Vermisstenmeldung bekommen und die trifft genau auf ihre Person zu. Wir hatten uns mit ihr telefonisch in Verbindung gesetzt und sie bestätigte ihre Geschichte, die sie uns auch

erzählt haben. Bitte steigen sie ein, wir bringen sie selbstverständlich nach Hause." Sollte mein Dasein als Penner, tatsächlich beendet sein? Es sieht so aus und meine Füsse jubelten. Unterwegs entschuldigten sich die Polizisten bei mir. Ich war ihnen nicht böse.
Wahrscheinlich hätte ich an ihrer Stelle nicht anders gehandelt.
An unserem Haus angekommen, schaute ich auf meine Armbanduhr, 23.23Uhr war es.
Das Haus war hell erleuchtet. Der eine Polizist war schneller als ich, Kunststück und klingelte an der Tür. So schnell hatte meine Heidi noch nie die Tür aufgemacht.
Sie sah mich und blieb mit offenem Mund in der Tür stehen.
" Meine Güte Schatz, was musst du mit durchgemacht haben. Ich erkenn dich kaum wieder. Wo ist deine Jacke? Hast du die Einkaufstüten verloren?"
Das hörte sich schon sehr vorwurfsvoll an, ganz meine Heidi.
" Nein gnädige Frau, die habe ich," rettete mich der Polizist.
" Komm erstmal rein und….puh, du stinkst wie eine Herde Moschusochsen."
Die Polizisten fuhren wieder erleichtert zurück zur Wache und ich konnte in den Keller gehen.
In eine Plastiktüte schmiss ich alle Kleidungsstücke rein. Die waren nicht mehr zu gebrauchen. Meine Frau machte mir ein heisses Bad fertig, in das ich genussvoll einstieg.
Sie holte sich einen Stuhl und setzte sich daneben.
" Erzähl mir einmal was passiert ist mein Schatz."
Ich machte mich ganz lang und fühlte mich zum ersten Mal wieder als richtiger Mensch.
Meine Frau hörte mir geduldig bei der Schilderung der Geschehnisse zu, ohne mich zu unterbrechen.
Das will was heissen.
Manchmal musste sie herzhaft lachen, dafür entschuldigte sie sich aber, manchmal musste sie auch ein wenig weinen. Ich habe sie dann getröstet.
Zum Schluss meiner Erzählung, wirkte sie nachdenklich.

Mit den Worten:" Ich komm gleich wieder," ging sie aus dem Raum.

Ich war sehr überrascht, als sie nur mit ihrer neuen Unterwäschegarnitur bekleidet, zu mir ins Badezimmer zurückkam.

" Und, ist das schick?"

" Und ob mein Hase! Was ich dir schon lange mal wieder sagen wollte, du bist eine ganz tolle Frau."

Sie war sehr gerührt und gab mir einen dicken Kuss. " Ich liebe dich mein Schatz. Ich bin so froh das du wieder da bist. Mach mal die Augen zu."

Das machte ich doch gerne, denn ich hatte da so eine Vermutung.

" Du kannst sie wieder aufmachen," sagte sie, mit so einer Zufriedenheit in ihrer Stimme.

Langsam liess ich die Finger von meinen Augen sinken. Aber.....? Was? Sie hielt eine Jacke in der Hand und lachte!

" Siehst du mein Schatz, du kriegst doch noch eine Jacke. Als ich die Hose bezahlt habe, sprach ich mit den Verkäuferinnen an der Kasse, das wir für dich keine Jacke finden konnten. Da sagte mir die eine, das hier im Erdgeschoss ein Sonderständer mit Herrenjacken wäre. Top Qualität und sehr stark im Preis herabgesetzt. Da bin ich mit ihr hingegangen und habe die hier gefunden. Nur dich dann nicht mehr.

Und schau mal, was ich in den Händen halte, deine Geldbörse. Die hast du nicht verloren, die hast du mir doch in der Parfümerie gegeben. Wie kann man nur so vergesslich sein."

Ich konnte mich vor lachen nicht halten und rutschte unter Wasser. Meine Frau zog mich wieder hoch.

Das hätte mir jetzt noch gefehlt! Meine Geldbörse wieder und eine neue Jacke. Da will ich doch nicht das Zeitliche segnen!

ENDE